Maria Cristina Pec

Grammatica ITALIANA per stranieri

Alla realizzazione dell'opera ha collaborato
il professor Massimo Vedovelli

www.giunti.it

Via Bolognese 165 - 50139 Firenze - Italia
Via Dante 4 - 20121 Milano - Italia

Ristampa	Anno
6 5 4 3 2 1	2010 2009 2008 2007

Stampato presso Giunti Industrie Grafiche S.p.A. - Stabilimento di Prato

Presentazione

Quest'opera si propone innanzitutto di aiutare gli stranieri ad apprendere l'italiano e si rivolge sia a studenti che frequentano corsi strutturati di lingua, sia a chi, come molti migranti, ha la necessità di apprendere la lingua attraverso la comunicazione quotidiana. Riteniamo infatti che la grammatica attivi dei meccanismi di osservazione e riflessione sulla lingua che, facendo leva sui processi cognitivi, accelerano e migliorano l'apprendimento di una lingua straniera.
Questa grammatica costituisce pertanto un indispensabile strumento di consultazione e approfondimento per gli studenti, per gli insegnanti di italiano come L2 e per tutti gli stranieri che utilizzano l'italiano, in Italia e all'estero.

È un'opera completa, ma è nello stesso tempo uno strumento agile e leggero.

Poiché si tratta di una grammatica d'uso rivolta a stranieri, la scelta e la descrizione dei fenomeni linguistici, così come le spiegazioni grammaticali, sono state fatte in base a criteri di frequenza e di utilità: si è cercato di privilegiare sempre ciò che è fondamentale per poter comunicare in modo efficace e con buona padronanza dell'italiano. Sono state altresì attentamente considerate le strutture della lingua italiana che pongono particolari difficoltà agli stranieri, come le preposizioni o i pronomi personali, di cui sono state date numerose e specifiche regole d'uso.

Le descrizioni dei vari fenomeni sono sempre precedute da esempi riferiti alla lingua viva. Il vocabolario e le situazioni sono di tipo familiare e quotidiano, affinché risultino comprensibili anche a chi non ha un livello di competenza linguistica molto alto.
Altri esempi illustrano le particolari articolazioni dei fenomeni e le eventuali eccezioni.

Le regole non vengono mai date come leggi astratte e indiscutibili. Vengono segnalati i casi in cui la norma è stata modificata dall'uso, facendo riferimento ai diversi livelli della comunicazione e della lingua: parlata, familiare, scritta, formale, settoriale ecc.
Le spiegazioni sono brevi; la terminologia usata è, volutamente, quella delle grammatiche tradizionali, poiché riteniamo che sia quella più largamente condivisa dalle diverse culture.

L'opera è suddivisa in capitoli. Ogni capitolo tratta un fenomeno linguistico e si articola secondo il seguente schema:

1. Esempi che illustrano gli usi del fenomeno nel contesto di una frase.
2. Descrizione generale del fenomeno.
3. Specificazione dei singoli aspetti del fenomeno nell'uso corrente.
4. Eventuali tavole riassuntive delle forme.

Le eventuali eccezioni o variazioni d'uso significative del fenomeno vengono sempre indicate in un corpo separato, in modo che siano disponibili per la consultazione, ma che non interferiscano con la riflessione prioritaria sugli elementi più semplici e comuni della lingua.

Vengono fornite anche, per eventuali controlli e consultazioni, le tavole complete dei verbi ausiliari, dei verbi regolari delle tre coniugazioni e dei venti verbi irregolari di uso più frequente.

Il simbolo ➔ rimanda all'*Indice analitico-glossario*, e consente di utilizzare il testo in modo interattivo. Viene così favorita una modalità di apprendimento della lingua non lineare ma "a rete", che rispetta uno dei caratteri fondamentali del sistema linguistico.

L'Autrice

Indice

1 La frase

1. *Vieni domani al cinema?*
2. *La sera, se non è troppo stanco, Paolo va al cinema.*

La **frase** è un'unità autonoma della comunicazione che ha un senso, ed è di solito formata da più parole (**1**, **2**).

La frase semplice

1. *Antonio va a casa.*
2. *Antonio non va a casa.*

La struttura linguistica di base è formata da una **frase semplice** o proposizione semplice (**1**, **2**).
Le frasi semplici possono essere dei seguenti tipi.

- Frasi **enunciative**: contengono una semplice enunciazione, cioè una dichiarazione o una descrizione; non hanno una intonazione particolare e si distinguono in **enunciative affermative** (**1**) e **enunciative negative** (**2**).

- Frasi **interrogative**: pongono una domanda; nella lingua parlata sono caratterizzate da una intonazione ascendente (l'intonazione sale sull'ultima parola), nella scrittura sono caratterizzate dal punto interrogativo.
Le frasi interrogative sono spesso introdotte da avverbi, pronomi o aggettivi interrogativi ➔ : *Quando va Antonio a casa?*

Nelle frasi interrogative il soggetto può stare prima o dopo il predicato: ***Antonio*** *va a casa? / Va a casa* ***Antonio****?*

- Frasi **esclamative**: esprimono un sentimento di sorpresa, ammirazione, indignazione, volontà; nella lingua parlata sono caratterizzate da un'intonazione discendente, nella scrittura sono caratterizzate dal punto esclamativo.
Qualsiasi frase enunciativa può diventare esclamativa: *Antonio va a casa!*
Le frasi esclamative sono spesso introdotte da avverbi, pronomi o aggettivi esclamativi: *Quanto mi dispiace! / Com'è bella questa città!*
Nell'uso corrente ci sono inoltre molte particolari espressioni esclamative: *Che peccato! / Quante storie! / Che meraviglia!*, ecc.

- Frasi **volitive**: esprimono un comando, un desiderio, un invito, un'esortazione. Queste frasi possono essere costruite in vario modo. Spesso sono anche frasi esclamative: *Pensateci bene. / Sbrigatevi!*

La frase nucleare

	Soggetto	Predicato	Complemento	Attributo
	Nome, Pronome	**Verbo**	**Nome, Avverbio**	**Aggettivo**
1.		*Piove.*		
2.	*Io*	*parlo.*		
3.	*La mamma*	*abbraccia*	*il bambino.*	

La **frase nucleare** è una frase semplice formata solo dagli elementi assolutamente necessari per esprimere un significato.
La frase nucleare può essere formata:
– dal solo predicato (*Piove.*);
– dal predicato e dal soggetto (*Io parlo.*);
– dal predicato, dal soggetto e da alcuni complementi (*La mamma abbraccia il bambino.*).

- Non sempre il soggetto di una frase viene espresso. Quando il soggetto è rappresentato da un pronome personale è normale non esprimerlo: *Che cosa fai?* ***Mangio***.
- Soprattutto nella lingua parlata e nei titoli dei giornali si possono trovare delle frasi senza verbo, che si chiamano frasi nominali: ***Oggi sciopero dei metalmeccanici***.

L'espansione della frase nucleare

	Soggetto	Predicato	Complemento diretto	Complemento indiretto	Attributo
1.	*Paolo*	*legge*	*un libro*	*di italiano.*	
2.	*Io*	*parlo*		*a voce*	*bassa.*

La frase nucleare si può **espandere**, cioè arricchire di altri elementi, che danno ulteriori informazioni sul soggetto e sul predicato. Le espansioni prendono il nome di **complementi**.
Il complemento che indica l'oggetto dell'azione espressa dal verbo si chiama **complemento diretto** o **complemento oggetto**, ed è l'unico complemento che non è introdotto da una preposizione.
Tutti gli altri complementi si chiamano **complementi indiretti** e sono in genere introdotti da una preposizione ➔.

I complementi indiretti possono servire:

– a specificare
Complemento di specificazione: *Dov'è l'Ufficio* ***del turismo****?*

– ad indicare il destinatario dell'azione
Complemento di termine: *Ho regalato un bel libro* ***a Giorgio****.*

– ad indicare la collocazione nello spazio di un'azione o di un evento
Complementi di luogo: *Quando venite* ***a Siena****?*

– ad indicare la collocazione nel tempo di un'azione o di un evento
Complementi di tempo: *Vado al mare* ***per due settimane****.*

– ad indicare il modo in cui si svolge un'azione
Complemento di modo: *Peter studia l'italiano* ***con impegno****.*

– ad indicare il mezzo con cui si compie un'azione
Complemento di mezzo: *Vado a scuola* ***in bicicletta****.*

– ad indicare la causa per cui si compie un'azione o avviene qualcosa
Complemento di causa: *Non siamo potuti uscire* ***per la pioggia****.*

– ad indicare la persona, l'animale o la cosa che compie l'azione o che è responsabile di un evento nella frase passiva ➔
Complemento d'agente: *Il concerto è stato diretto* ***da Riccardo Muti****.*

La frase complessa

1. *Antonio va a casa* **e guarda la televisione**.
2. *Antonio va a casa* **quando ha finito di lavorare**.

Più frasi o proposizioni collegate fra loro formano la **frase complessa** o **periodo** (**1**, **2**).

• Nella frase complessa c'è **sempre** una proposizione autonoma dal punto di vista grammaticale e talvolta anche dal punto di vista del significato: ha, da sola, un senso nella comunicazione. Nella frase complessa la proposizione autonoma si chiama **principale** oppure **reggente** o **indipendente**; le altre proposizioni, collegate alla principale, si chiamano **secondarie** o **dipendenti**.

• Nella frase complessa le proposizioni possono **essere tutte autonome** e stare sullo stesso piano della principale: in questo caso le proposizioni sono **coordinate** (**1**).

• Nella frase complessa le proposizioni possono **non essere autonome** dalla principale: in questo caso la proposizione principale è la reggente e le proposizioni che da essa dipendono sono secondarie **subordinate** (**2**).

- Due o più proposizioni subordinate possono essere coordinate fra loro: *Ieri non sono uscita* **perché faceva freddo e perché non mi sentivo bene**.

Una proposizione può essere subordinata rispetto alla principale, ma essere a sua volta reggente rispetto ad un'altra subordinata: *Antonio non sa* **se andrà** *a casa quando ha finito di lavorare*.

2 I verbi: modi, tempi, persone, forma, aspetto

	Soggetto	Predicato	Complemento	Attributo	Proposizione secondaria
1.		***Piove.***			
2.	*Antonio*	***è partito.***			
3.	*Io*	***vivo***	*a Milano.*		
4.	*Maria*	***ha vinto***	*un premio.*		
5.	*Elena*	***è***		*simpatica.*	
6.		***Spero***			*che tu stia bene.*

Il **verbo** è l'elemento fondamentale della frase. Attorno ad esso si organizzano i vari elementi della frase stessa. Una frase pertanto contiene sempre un verbo, espresso o sottinteso. Anche nelle frasi del tipo *Oggi sciopero dei metalmeccanici,* che si chiamano **frasi nominali** ➔, c'è un verbo non espresso.
Il verbo può essere usato da solo (**1**), o con il soggetto (**2**), o può essere seguito da un complemento (**3**, **4**), o da un attributo (**5**), o da una proposizione subordinata (**6**).
Il verbo contiene molte informazioni riferite alle nozioni di **modo**, **tempo**, **persona**, **forma**, **aspetto**.

I modi

1. *Luigi* ***parla*** *il francese.*
2. *Credo che Luigi* ***parli*** *il francese.*
3. ***Parlate*** *a voce più bassa, per favore!*
4. *Luigi ha imparato il francese* ***parlando*** *con la sua amica Corinne.*
Il **modo dei verbi** permette di presentare l'azione come un fatto certo (**1**) o un

fatto possibile (**2**), o un ordine (**3**), ecc. e di esprimere differenti rapporti di comunicazione con chi ascolta.
I modi del verbo sono sette e si distinguono in modi **finiti** (**1**, **2**, **3**) e modi **indefiniti** (**4**).
- I modi **finiti** hanno forme diverse per i diversi tempi e le diverse persone e sono: **indicativo**, **congiuntivo**, **condizionale**, **imperativo**.
- I modi **indefiniti** hanno una sola forma per tutte le persone e sono: **infinito**, **participio**, **gerundio** (**4**).

I tempi

1. *Sì mamma,* ***vengo*** *subito!*
2. *No, ieri non* ***ho visto*** *Marco.*
3. *Che bellezza! Domani* ***arriverà*** *Gianni.*

Il **tempo dei verbi** indica la posizione, nel tempo, di azioni, eventi e situazioni rispetto al momento in cui si parla. La relazione di tempo può essere di **contemporaneità** (**1**), **anteriorità** (**2**), **posteriorità** (**3**).
La contemporaneità si esprime con il tempo **presente** (**1**), l'anteriorità con i tempi **passati** (**2**), la posteriorità con i tempi **futuri** (**3**).
Dal punto di vista della forma, il tempo può essere **semplice**, cioè formato da una sola parola (**1**, **3**), o **composto**, quando è formato dal participio passato di un verbo unito ai verbi ausiliari *essere* o *avere* (**2**).

Uso dei modi e dei tempi

L'indicativo

1. *Non* ***mangio*** *perché non* ***ho**** *fame.*

L'**indicativo** si usa per indicare certezza, realtà, comunicazione diretta di qualcosa. È il modo fondamentale delle frasi semplici o delle proposizioni reggenti (**1**) ed è molto frequente anche nelle proposizioni subordinate (**1***).
L'indicativo ha otto tempi: **presente**, **imperfetto**, **passato prossimo**, **passato remoto**, **trapassato prossimo**, **trapassato remoto**, **futuro**, **futuro anteriore**.

- Il **presente** indica un'azione o uno stato contemporanei rispetto al momento in cui si parla: *Oggi* ***c'è*** *sciopero dei treni.*

- Il presente si usa spesso, e specialmente nella lingua parlata, al posto del futuro: *Che bellezza! La prossima settimana **è** vacanza.*
- Il presente, specialmente nelle descrizioni e nei racconti, si può usare al posto del passato: *Il 2 giugno 1946 gli italiani, dopo tanti anni, **tornano** a votare.*

• L'**imperfetto** indica un'azione o uno stato che si ripete o che ha una durata nel passato: *Quando **abitavo** a Firenze, **andavo** spesso al cinema.*
– L'imperfetto è il tempo tipico delle **descrizioni** riferite al passato: *Domenica **era** una bella giornata, il cielo **aveva** un colore bellissimo, anche se **tirava** vento e **faceva** piuttosto freddo.*
– L'imperfetto si usa nei **giochi** e nel racconto dei **sogni**: *Ho sognato che **andavo** a vivere a Firenze.*

- L'imperfetto si usa per esprimere un desiderio o richiesta cortese nel presente; in questo caso non ha valore di tempo passato, ma di modo: *Buongiorno, **cercavo** Rosanna Parodi.*
- Nella lingua parlata l'imperfetto si usa spesso nel periodo ipotetico ⇒ della possibilità: *Se **credevo** che ti **preoccupavi** tanto, non ti **raccontavo** queste cose.*

• Il **passato prossimo** è un tempo composto che si forma con il presente dell'ausiliare (*essere* o *avere*) e il participio passato del verbo. Indica un'azione o uno stato che è già avvenuto, ma che, in genere, ha qualche relazione con il presente: *Stamattina Maria non **è andata** a scuola, perché si sentiva male.*
– Il passato prossimo talvolta non ha il valore di un vero e proprio tempo passato, ma indica un'azione o uno stato anteriore rispetto al presente o rispetto al futuro: *Vengo subito: **ho** quasi **finito** di prepararmi.*

- Il passato prossimo si usa moltissimo nella lingua parlata, specialmente nelle regioni del Nord e del Centro, in cui (esclusa la Toscana) l'uso del passato remoto è praticamente scomparso: *Mi piacerebbe molto rivedere Fabrizio, l'ultima volta l'**ho visto** a Milano dieci anni fa.*

• Il **passato remoto** indica un'azione o uno stato che è sempre anteriore rispetto a chi parla e che, in genere, non ha nessuna relazione con il presente: *Dante Alighieri **nacque** a Firenze nel 1265.*

- Il passato remoto si usa ancora molto nella lingua scritta. È di uso normale non solo nella prosa storica e biografica, ma anche in quella narrativa: *Tra il 1967 e il 1968 **si sviluppò** in Italia la contestazione studentesca.*
- Il passato remoto si usa ancora nella lingua parlata solo in Toscana e nelle regioni del Sud. Si usa anche per indicare fatti e situazioni di un passato recente, ma non per quelli riguardanti le 24 ore della giornata in cui si parla: *La scorsa settimana a Firenze **vidi** Fabrizio. Ti ricordi di lui?*

• Il **trapassato prossimo** è un tempo composto che si forma con l'imperfetto dell'ausiliare (*essere* o *avere*) e il participio passato del verbo. Indica un'azione o uno stato del passato, anteriore ad un altro fatto passato: *Ricordo che una volta piansi molto perché la maestra mi* ***aveva rimproverato***.

• Il **trapassato remoto** è un tempo composto che si forma con il passato remoto dell'ausiliare (*essere* o *avere*) e il participio passato del verbo. Anch'esso indica un'azione o uno stato del passato, anteriore ad un altro fatto passato: *Solo quando il treno* ***fu partito*** *mi ricordai che non avevo convalidato il biglietto.*

Il trapassato remoto ha ormai un uso molto raro, e limitato alle proposizioni temporali: *Appena* ***ebbe visto*** *la casa, decise di rimanere.*

• Il **futuro** indica un'azione o uno stato che deve ancora realizzarsi: ***Arriveremo*** *a Varsavia nel primo pomeriggio.*

Il futuro si può usare per dare un comando: *Per punizione,* ***resterete a casa***.

Il futuro si può usare per presentare un fatto in forma di dubbio, di supposizione, di incertezza. In questo caso il futuro non ha il valore di tempo, ma di modo: *Quanti studenti ci sono al corso di italiano?* ***Saranno*** *più di cento*.

• Il **futuro anteriore** è un tempo composto che si forma con il futuro dell'ausiliare (*essere* o *avere*) e il participio passato del verbo. Indica un'azione o uno stato del futuro, anteriore ad un altro fatto futuro: *Ti chiameremo appena* ***saremo arrivate*** *a Varsavia.*

Nella lingua italiana non è obbligatorio segnalare l'anteriorità nel futuro e di solito si usa il futuro semplice o il presente ⇒ per indicare tutte e due le azioni: *Ti* ***chiameremo*** *appena* ***arriveremo*** *a Varsavia. / Ti* ***chiamiamo*** *appena* ***arriviamo*** *a Varsavia.*

Come il futuro semplice, anche il futuro anteriore si può usare per presentare un fatto in forma di dubbio, di supposizione, di incertezza: *A che ora siete tornati? Tardi:* ***saranno state*** *le due*.

Il congiuntivo

1. *Mi pare che il tuo comportamento non* ***sia stato*** *tanto giusto.*
2. *Non mi importa più niente di Leo:* ***faccia*** *pure ciò che vuole.*
3. *Nessuno di noi credeva che Tiziana* ***fosse*** *così egoista.*
4. *Se Giorgio non* ***avesse sprecato*** *tanti soldi, oggi non avrebbe problemi.*

Il **congiuntivo** si usa per indicare possibilità, desiderio, timore, comunicazione di qualcosa che è sottoposto al giudizio personale. Viene usato soprattutto in proposizioni subordinate, dipendenti da verbi che indicano opinioni o sentimenti soggettivi (**1**, **3**). Nelle proposizioni indipendenti si usa nelle interrogative dubitative e nelle volitive (**2**).

Il congiuntivo ha quattro tempi: **presente** (**2**), **imperfetto** (**3**), **passato** (**1**) e **trapassato** (**4**).

● Nelle proposizioni indipendenti si usano:
- i due tempi semplici, **presente** e **imperfetto**, quando ci si riferisce al presente.
- i due tempi composti, **passato** e **trapassato**, quando ci si riferisce al passato.

● Nelle proposizioni subordinate il tempo del congiuntivo è condizionato dal tempo della proposizione reggente. Si veda per questo il capitolo sui modi e i tempi nelle proposizioni subordinate ➔.

Il condizionale

1. ***Vorrei*** *un caffè, per favore.*
2. *Per fortuna Stefano non è partito, perché non ne* ***sarei stata*** *contenta.*

Il **condizionale** si usa per indicare un desiderio o una possibilità legati a delle condizioni, ma anche per attenuare una richiesta o per fare una richiesta in modo cortese. Si usa in molte proposizioni indipendenti (**1**) e in diversi tipi di proposizioni subordinate (**2**).
Il condizionale ha due tempi: **presente** (o condizionale semplice) (**1**) e **passato** (o condizionale composto) (**2**).

● In genere si usa il condizionale presente per esprimere un desiderio, un'eventualità, ecc. nel presente e il condizionale passato per esprimere le stesse cose riferite al passato.

Il condizionale passato serve anche ad esprimere un'idea di futuro da una prospettiva passata: *Dopo l'esperienza dell'ultima guerra la gente pensava che l'Italia* ***sarebbe stata*** *unita nella lotta per la pace.*

L'imperativo

1. ***Vieni*** *qui, ti prego.*
2. ***Si accomodi*** *signora, l'avvocato viene subito.*

L'**imperativo** si usa per indicare la comunicazione di un ordine, un invito, una preghiera, ecc.
L'imperativo ha solo il tempo **presente** e si può usare solo in proposizioni indipendenti (**1**, **2**). L'imperativo non ha la 1ª persona. Nell'imperativo negativo, la 2ª persona è sostituita dall'infinito: *Non* ***perdere*** *tanto tempo, Emanuele!*

L'infinito

1. *Vi ringrazio di* ***essere venuti****.*
2. *Accomodatevi, intanto io continuo a* ***scrivere****.*
3. ***Moderare*** *la velocità.*

L'**infinito** indica un'azione o uno stato in modo generico, senza indicazione di persona.
L'infinito si usa:
– nella forma implicita di molte proposizioni subordinate ➡ (**1**).
– in dipendenza da un verbo servile o fraseologico ➡ (**2**).
– negli avvisi, cartelli stradali e nei testi di istruzioni per comunicare un invito o un ordine (**3**).
L'infinito ha due tempi: **presente** (**2**, **3**) e **passato** (**1**). Il passato è un tempo composto.

• Nelle subordinate si usa l'infinito **presente** per indicare un fatto contemporaneo o posteriore: *Dovete impegnarvi per* ***avere*** *migliori risultati.* Si usa l'infinito **passato** per indicare un fatto anteriore: *Mi dispiace di non* ***essere stato*** *presente.*

L'infinito può avere anche la funzione di nome: *Non mi piace il tuo* ***sparlare*** *sempre di tutti.*

Il participio

1. *La legge 104 riguarda i cittadini non* ***udenti****.*
2. *A Firenze c'è una bella mostra di abiti del* ***passato****.*
3. *Come hai detto? Non* ***ho capito*** *niente.*
4. ***Passate*** *le feste, dobbiamo metterci a dieta.*

Il **participio** può avere sia la funzione di aggettivo (**1**) o nome (**2**) che quella di verbo (**3**, **4**).
Il participio ha due tempi: **presente** (**1**) e **passato** (**2**, **3**, **4**).

• Il participio **presente**, variabile nel numero, si usa soprattutto come aggettivo o come nome (**1**); si usa raramente come verbo.

• Il participio **passato**, variabile nel genere e nel numero, si usa come nome (**2**) e si usa molto come verbo. Si usa per formare i **tempi composti** (**3**) di tutti i verbi e nella forma implicita (**4**) di alcune subordinate.

Ricordiamo che il participio passato quando forma dei tempi composti con l'ausiliare essere si accorda in genere e numero con il soggetto ➡: *Ragazzi siete* ***andati*** *alla lezione di italiano?* Quando forma dei tempi composti con l'ausiliare avere non si accorda con il soggetto, ma si accorda con il complemento oggetto quando il complemento oggetto è davanti al verbo ed è rappresentato da uno dei pronomi *lo, la, li, le*: *Monica, hai visto le fotocopie dei testi? - No, non le ho **viste**.*

Il gerundio

1. ***Avendo finito** il lavoro, mi riposo un po'.*
2. *Ciao Chiara, che fai? Se stai **lavorando** ti lascio subito.*
3. *La situazione è sempre grave, ma va **migliorando**.*
4. *I **laureandi** non seguono le lezioni.*

Il **gerundio** è un modo usato soprattutto come verbo (**1**, **2**, **3**), ma può avere anche la funzione di nome (**4**). È sempre strettamente legato a un verbo di modo finito e indica un fatto che si svolge in rapporto ad un altro indicato dalla proposizione reggente.
Il gerundio ha due tempi: **presente** (**2**, **3**, **4**) e **passato** (**1**).

• Il gerundio **presente** può indicare contemporaneità, posteriorità o anteriorità rispetto alla proposizione reggente.
- Si usa nella forma implicita di molte proposizioni subordinate e perciò può avere valore temporale, causale, condizionale, ecc. (**1**).
- Si usa per formare i verbi fraseologici ➡ *stare* + **gerundio**, dove indica un'azione continuata (**2**) e *andare* + **gerundio**, dove indica un'azione progressiva (**3**).

• Il gerundio **passato** indica sempre anteriorità rispetto alla proposizione reggente.

Il gerundio passato si usa poco, e quasi esclusivamente nella lingua scritta: *Galileo a venticinque anni era già molto famoso, **avendo scoperto** a diciannove anni le leggi del pendolo.*

Le persone

1. ***Dico** sempre quello che **penso**.*
2. *Che **fate** domani? Vi **andrebbe** di andare al cinema?*

Tutti i modi **finiti** dei verbi hanno forme diverse che indicano a quale persona si fa riferimento nel discorso. Siccome le forme verbali sono in grado di segnalare da sole la persona, l'uso dei pronomi personali come soggetto ➡ non è obbligatorio (**1**, **2**).
Le **persone** indicano se chi compie l'azione, o colui di cui si indica lo stato, è:

- il parlante (1ª persona, ***io***): ***Io*** *non* ***mangio*** *mai i dolci.*
- l'interlocutore (2ª persona, ***tu***): *Come* ***sei*** *elegante!*
- una persona diversa dal parlante e dall'interlocutore (3ª persona, ***lui***, ***lei***, ***egli***): *Laura* ***ha*** *due bambini bellissimi.*
- un gruppo di due o più persone di cui fa parte anche il parlante (4ª persona, ***noi***): ***Noi*** *domenica non* ***siamo*** *a casa: andiamo al mare.*
- un gruppo di due o più persone di cui fa parte anche l'interlocutore (5ª persona, ***voi***): ***Venite*** *alla festa di Sandra?*
- un gruppo di due o più persone di cui non fanno parte né il parlante né l'interlocutore (6ª persona, ***loro***, ***essi***, ***esse***): *Benedetta e Davide* ***partono*** *domani.*

La forma

1. *Ecco, ti* ***ho*** *finalmente* ***scritto*** *quella relazione che mi avevi chiesto.*
2. *Ma no! Questa lettera non* ***è stata scritta*** *da Giovanni.*
3. *Rossella è una bella ragazza, ma* ***si veste*** *in modo ridicolo.*

La **forma** del verbo esprime il rapporto del verbo stesso con il soggetto e con l'oggetto. La forma è **attiva**, quando è il soggetto che compie l'azione (**1**); **passiva** quando non è il soggetto che compie l'azione (**2**); **riflessiva** quando il soggetto compie l'azione su se stesso, e quindi soggetto e oggetto coincidono. La forma passiva e quella riflessiva si possono avere solo con i verbi **transitivi** ➡.

L'aspetto

1. *Ieri, mentre i ragazzi* ***erano*** *a scuola,* ***ho pulito**** *il giardino.*
2. *Sì, Alessia studia ingegneria, ma ormai* ***sta per laurearsi***.
3. *Ieri sera* ***mi sono addormentato*** *tardi, ma dopo* ***ho dormito**** *benissimo.*

Il verbo, oltre ad esprimere il modo, il tempo, ecc. esprime anche l'aspetto di un'azione o di un evento, cioè i concetti di **durata** (**1**), **momentaneità**, **ripetitività**, **continuità** (**3***), **inizio** (**3**), **imminenza** (**2**), **conclusione** (**1***). Le informazioni sull'aspetto possono essere indicate:
- con i tempi del verbo ➡ (**1**, **1***);
- con i verbi fraseologici ➡ (**2**);
- con il lessico: il verbo *addormentarsi*, ad esempio, indica l'inizio dell'azione (**3**), mentre *dormire* indica l'azione continuata (**3***).

3 I tipi dei verbi

Verbi predicativi e verbi copulativi

1. *Oggi* ***abbiamo mangiato*** *una pastasciutta a casa di Elena.*
2. *Questa pastasciutta* ***è squisita.***
3. *Il nuovo direttore* ***sembra una persona*** *intelligente.*

Si chiamano **predicativi** tutti i verbi (sono la grande maggioranza) che esprimono un senso compiuto: possono essere usati da soli, possono essere seguiti da un complemento, ecc. (**1**).
Si chiamano **copulativi** i verbi che, come il verbo *essere*, hanno un significato generico e servono a collegare il soggetto a un nome o a un aggettivo (**2**, **3**). Tra i verbi copulativi, altre ad *essere*, ricordiamo: *sembrare, parere, divenire*, ecc.
Mentre i verbi copulativi possono essere uniti ad un aggettivo, i verbi predicativi possono essere uniti ad un avverbio ➔:
Oggi abbiamo mangiato ***bene****: la pastasciutta era* ***squisita****!*

Verbi transitivi e intransitivi

	Soggetto	Predicato	Complem. diretto	Complem. indiretto
1.	*Gli studenti*	***studiano***	*la grammatica.*	
2.	*Gli studenti*	***vanno***		*a scuola.*

Si chiamano **transitivi** i verbi che possono avere un **complemento diretto** (o complemento oggetto) (**1**).
Si chiamano **intransitivi** i verbi che **non** possono avere un complemento diretto (**2**).

• Sono generalmente intransitivi i verbi che indicano movimento (*andare, venire, partire, ecc.),* i verbi che indicano uno stato o un cambiamento della persona (*guarire, arrossire, invecchiare, morire*, ecc.), i verbi pronominali ➡ (*vergognarsi, pentirsi, annoiarsi*, ecc.) e altri.

• Nell'uso alcuni verbi intransitivi possono essere usati come transitivi e alcuni transitivi come intransitivi: *È un bravo politico, credo che* ***salirà*** *molto in alto* (uso intransitivo). / *Ogni giorno* ***salgo*** *60 scalini per andare in casa* (uso transitivo).

• I verbi transitivi formano i tempi composti con l'ausiliare ➡ *avere*: *Gli studenti* ***hanno studiato*** *la grammatica.*
Tra i verbi intransitivi alcuni formano i tempi composti con *avere*: *Domenica scorsa* ***abbiamo passeggiato*** *nel bosco*; altri li formano con *essere*: *Gli studenti* ***sono andati*** *a scuola.*

I verbi come *salire*, che si usano sia come intransitivi che come transitivi, formano i tempi composti con diverso ausiliare: *essere* per l'uso intransitivo, *avere* per l'uso transitivo: *Era un bravo politico ed è giusto che* ***sia salito*** *in alto. / Sono stanca, oggi* ***ho salito*** *e sceso le scale venti volte.*

Verbi ausiliari

1. *Ieri sera* ***sono*** *andata a casa di Riccardo:* ***abbiamo*** *mangiato una pizza e dopo* ***abbiamo*** *ascoltato un po' di musica.*

I verbi **ausiliari,** con i quali si formano i tempi composti di tutti i verbi, sono ***avere*** ed ***essere*** (**1**). Per formare i tempi composti, si unisce al verbo ausiliare il participio passato ➡ del verbo che vogliamo usare.

• Il verbo ***avere*** è l'ausiliare con cui si formano i tempi composti:
- di tutti i verbi transitivi: ***Abbiamo mangiato*** *una pizza.*
- di alcuni verbi intransitivi: *Questa notte* ***ho dormito*** *proprio bene.*
- di se stesso: *Alla fine Emanuele* ***ha avuto*** *ragione.*

• Il verbo ***essere*** è l'ausiliare con cui si formano i tempi composti:
- della maggior parte dei verbi intransitivi: *Scusami, ma il treno* ***è arrivato*** *in ritardo.*
- di quasi tutti i verbi impersonali ➡: *A tutti* ***è sembrato*** *ingiusto il tuo comportamento.*
- dei verbi pronominali ➡: *Non* ***mi ero accorto*** *che questa chiesa fosse così bella.*
- dei verbi di forma riflessiva ➡: *Questa mattina, ragazzi,* ***vi siete lavati*** *troppo in fretta.*

– dei verbi di forma passiva ➡: *Le leggi* ***sono approvate*** *dal Parlamento.*
– di se stesso: *Mi dispiace, ma* ***è stata*** *lei che si è messa nei guai.*

Nell'uso, per sapere quale ausiliare richiede un verbo intransitivo può essere utile ricordare quanto segue.

- I verbi di movimento hanno l'ausiliare ***essere*** se indicano spostamento da un luogo ad un altro, hanno l'ausiliare ***avere*** se indicano un movimento vero e proprio. Anche quei verbi di movimento che possono essere utilizzati con un doppio significato assumono ausiliari diversi secondo il significato: *Appena ho saputo la notizia,* ***sono corso*** *a casa. /* ***Ho corso*** *quanto ho potuto, ma il treno era già partito.*
- I verbi che indicano uno stato, un modo di essere, una condizione hanno quasi sempre l'ausiliare **essere**: *Il bambino di Anna Maria* **è nato** *il 2 di agosto. / Domani riprendo il lavoro, ma ancora non* **sono guarita**.
- I verbi impersonali che indicano fenomeni atmosferici e altri verbi come *vivere*, *volare*, ecc. possono avere sia l'ausiliare **essere** sia l'ausiliare **avere**, segnando talvolta qualche leggera differenza di significato: *Nella scorsa primavera* **è** *piovuto molto. / Le gare di sci sono state sospese perché* **ha** *nevicato tutta la notte. / I miei nonni* **sono** *vissuti fino a quasi novant'anni. / Conosco bene Firenze, perché ci* **ho** *vissuto 4 anni.*

Verbi servili

1. *Oggi siamo soli: i bambini* ***sono voluti*** *andare dalla nonna.*
2. ***Mi puoi*** *telefonare domani verso le otto?*
3. *Aspettami,* **devo** *parlar***ti** *di quel problema.*

I verbi **servili** (o modali) servono da "appoggio" ad altri verbi. Indicano una particolare modalità (possibilità, volontà, necessità) del verbo che li segue. Sono verbi servili *potere, volere, dovere* (**1**, **2**, **3**).

Ha le stesse caratteristiche dei verbi servili anche *sapere*, ma solo quando ha il significato di "essere capace": *Il ragazzo di Anna Maria* **sa** *suonare molto bene il flauto.*

- I verbi servili hanno le seguenti caratteristiche.

– Reggono direttamente, senza alcuna preposizione, l'infinito di un altro verbo (**1**, **2**, **3**)
– Nel caso in cui siano usati con i pronomi atoni ➡, questi possono stare davanti al verbo servile (**2**) o dopo l'infinito (**3**).
– Hanno di solito lo stesso ausiliare del verbo che reggono (**1**).

Se l'infinito che segue il verbo servile è *essere*, l'ausiliare del verbo servile è *avere*: ***Avresti potuto*** *essere più gentile!*

- Se l'infinito che segue il verbo servile è passivo, l'ausiliare del verbo servile è *avere*: *È stato lui che* ***ha voluto*** *essere nominato vicepresidente: adesso non deve lamentarsi.*

• Dal punto di vista del significato, ***potere*** e ***dovere*** assumono diversi valori.
Potere indica:
- la valutazione di un fatto considerato come possibile: ***Posso*** *anche aver fatto questa affermazione, ma non lo ricordo* (= Forse ho fatto...).
- un permesso: ***Posso*** *uscire?*
- una capacità: *Quest'anno* **possiamo** *vincere i campionati del mondo.*
- una forma di cortesia: ***Potresti*** *farmi un favore?*

Dovere indica:
- la valutazione di un fatto considerato come probabile: **Deve** *essere successo un incidente* (= Forse è successo...).
- un obbligo, una necessità: *Se vuoi migliorare la tua posizione,* **devi** *darti da fare.*

Verbi fraseologici

1. *Sonia* ***è stata sul punto di*** *lasciare suo marito, ma poi non l'ha fatto.*
2. *Prendo il caffè e dopo* ***mi metto a*** *studiare.*

I verbi **fraseologici** sono anche detti **aspettuali**, perché quando sono usati davanti ad un altro verbo (all'infinito o al gerundio) indicano un particolare aspetto ⇒ dell'azione. Si tratta di verbi come *stare, cominciare, continuare, finire* ecc. usati spesso in espressioni (locuzioni) composte da più elementi che si trovano in un ordine fisso (**1**, **2**).

• Le costruzioni verbali più usate per esprimere l'aspetto sono le seguenti.
- Per indicare **l'imminenza** di un'azione: *stare per, essere lì per, essere lì lì per, essere sul punto di, essere in procinto di,* ecc. (**1**).
- Per indicare **l'inizio** di un'azione: *cominciare a, iniziare a, mettersi a,* ecc. (**2**).
- Per indicare lo **svolgimento** di un'azione: *stare* + gerundio: *È pericoloso salire sul treno mentre* ***sta partendo***.
- Per indicare la **progressione** di un'azione: *andare + gerundio*: *La situazione in Bosnia è ancora grave, ma* ***va migliorando***.
- Per indicare la **continuità** di un'azione: *continuare a, seguitare a, insistere a,* ecc.: *Se* ***continuerete a*** *studiare così bene, avrete certamente dei buoni risultati.*
- Per indicare la **conclusione**, la fine di un'azione: *finire di, cessare di, smettere di,* ecc.: *Perché non* ***smettete di*** *dire male dei colleghi?*

Poiché la costruzione stare + gerundio indica un'azione che si sta svolgendo, il tempo che si usa per il passato è sempre l'imperfetto ⇒: *Ti ho visto molto distratto, non so a che cosa* ***stavi pensando***.

• Tutti i verbi fraseologici, oltre ad avere funzione aspettuale, hanno anche un loro significato predicativo autonomo. I verbi *cominciare, finire* e i loro sinonimi, ad esempio, oltre che come fraseologici possono essere usati come normali verbi, sia con funzione transitiva che con funzione intransitiva.
Mario non ***hai*** *ancora* ***finito di*** *lavorare?* (funzione aspettuale).
Mario ***hai*** *finalmente* ***finito*** *i compiti di matematica?* (funzione predicativa transitiva).
Mario è in vacanza: le lezioni ***sono finite*** *due giorni fa* (funzione predicativa intransitiva).

• Sono tipi particolari di verbi fraseologici anche ***fare*** e ***lasciare*** seguiti da un infinito. Indicano che il soggetto provoca l'azione, oppure che il soggetto permette che si realizzi, ma di fatto non la compie: *Quando il professore si comporta così ci* ***fa*** *ridere. / Mamma ci* ***lasci*** *giocare ancora un po'?*

Con *smettere* e anche con *finire*, quando è sinonimo di *smettere*, soprattutto nella lingua parlata e nelle espressioni imperative ed esclamative, si usa spesso il pronome *la* con la funzione generica di indicare quello che uno sta facendo e che dovrebbe smettere di fare: *Ragazzi* ***smettetela****!* Il pronome *la* si usa tuttavia anche quando nella frase viene espresso ciò che deve finire: *Ragazzi,* ***smettetela*** *di gridare! / Perché non* ***la finiamo di*** *comportarci da bambini?*

4 La coniugazione dei verbi: i verbi ausiliari

• La **coniugazione** di un verbo è l'insieme ordinato delle varie **forme** che un verbo può assumere per indicare il **modo**, il **tempo**, la **persona**, la **forma** (attiva, passiva o riflessiva) e, per quanto riguarda i tempi composti con l'ausiliare *essere*, anche il **genere del soggetto**.
Dalla forma verbale *sono andate*, ad esempio, ricaviamo che si tratta di modo indicativo, tempo passato prossimo, 6ª persona, forma attiva, soggetto femminile.
Altri elementi invece, come la funzione transitiva/intransitiva, l'aspetto, ecc. non sono espressi dalla forma che possono assumere i singoli elementi verbali, e non si possono perciò ricavare da essa.

• In un verbo possiamo riconoscere i seguenti elementi.

a) La **radice**, che contiene l'informazione relativa al significato: ad esempio *am-* in *amare* o *gioc-* in *giocare*.

b) La **vocale tematica** che nell'infinito e in altre forme distingue le tre coniugazioni: *-a-* per la prima coniugazione (*lav-a-re*), *-e-* per la seconda (*tem-e-re*), *-i-* per la terza (*sent-i-re*).

c) La **desinenza** che contiene le informazioni relative al modo, tempo e persona: ad esempio: *-re* in *ama-re* (desinenza dell'infinito presente), *-vo* in *ama-vo* (desinenza dell'indicativo imperfetto).

• Le coniugazioni (o flessioni) dei due verbi ausiliari, essere e avere, sono del tutto anomale rispetto agli altri verbi della lingua italiana.

La coniugazione di *essere*

Il verbo **essere** si usa:
- come ausiliare: *Volevo dirti che non **sono** partito per Genova.*
- come copulativo: *Genova **è** una bella città.*
- come predicativo nei significati di *trovarsi* o *succedere*, spesso usato con il pronome *ci* ➲: *Dove **sei**, da dove chiami? - Che **c'è**? È successo qualcosa?*

	Indicativo			
	Presente	**Passato prossimo**	**Imperfetto**	**Trapassato prossimo**
io	sono	sono stato/a	ero	ero stato/a
tu	sei	sei stato/a	eri	eri stato/a
egli/lei/lui	è	è stato/a	era	era stato/a
noi	siamo	siamo stati/e	eravamo	eravamo stati/e
voi	siete	siete stati/e	eravate	eravate stati/e
essi/esse/loro	sono	sono stati/e	erano	erano stati/e
	Passato remoto	**Trapassato remoto**	**Futuro semplice**	**Futuro anteriore**
io	fui	fui stato/a	sarò	sarò stato/a
tu	fosti	fosti stato/a	sarai	sarai stato/a
egli/lei/lui	fu	fu stato/a	sarà	sarà stato/a
noi	fummo	fummo stati/e	saremo	saremo stati/e
voi	foste	foste stati/e	sarete	sarete stati/e
essi/esse/loro	furono	furono stati/e	saranno	saranno stati/e
	Congiuntivo			
	Presente	**Passato**	**Imperfetto**	**Trapassato**
che io	sia	sia stato/a	fossi	fossi stato/a
che tu	sia	sia stato/a	fossi	fossi stato/a
che egli/lei/lui	sia	sia stato/a	fosse	fosse stato/a
che noi	siamo	siamo stati/e	fossimo	fossimo stati/e
che voi	siate	siate stati/e	foste	foste stati/e
che essi/esse/loro	siano	siano stati/e	fossero	fossero stati/e
	Condizionale			**Imperativo**
	Presente	**Passato**		**Presente**
io	sarei	sarei stato/a		–
tu	saresti	saresti stato/a		sii
egli/lei/lui	sarebbe	sarebbe stato/a		sia
noi	saremmo	saremmo stati/e		siamo
voi	sareste	sareste stati/e		siate
essi/esse/loro	sarebbero	sarebbero stati/e		siano

Infinito		**Participio**		**Gerundio**	
Presente	**Passato**	**Presente**	**Passato**	**Presente**	**Passato**
essere	essere stato	–	stato	essendo	essendo stato

La coniugazione di *avere*

Il verbo ***avere*** si usa:
- come ausiliare: *Quello che **hai** fatto non mi piace.*
- come predicativo nel significato di *possedere*: *Antonio **ha** una bella casa.*
- come predicativo per indicare una sensazione che si prova: *Che **hai**? - Non mi sento bene, **ho** un tremendo mal di testa.*

	Indicativo			
	Presente	**Passato prossimo**	**Imperfetto**	**Trapassato prossimo**
io	ho	ho avuto	avevo	avevo avuto
tu	hai	hai avuto	avevi	avevi avuto
egli/lei/lui	ha	ha avuto	aveva	aveva avuto
noi	abbiamo	abbiamo avuto	avevamo	avevamo avuto
voi	avete	avete avuto	avevate	avevate avuto
essi/esse/loro	hanno	hanno avuto	avevano	avevano avuto
	Passato remoto	**Trapassato remoto**	**Futuro semplice**	**Futuro anteriore**
io	ebbi	ebbi avuto	avrò	avrò avuto
tu	avesti	avesti avuto	avrai	avrai avuto
egli/lei/lui	ebbe	ebbe avuto	avrà	avrà avuto
noi	avemmo	avemmo avuto	avremo	avremo avuto
voi	aveste	aveste avuto	avrete	avrete avuto
essi/esse/loro	ebbero	ebbero avuto	avranno	avranno avuto
	Congiuntivo			
	Presente	**Passato**	**Imperfetto**	**Trapassato**
che io	abbia	abbia avuto	avessi	avessi avuto
che tu	abbia	abbia avuto	avessi	avessi avuto
che egli/lei/lui	abbia	abbia avuto	avesse	avesse avuto
che noi	abbiamo	abbiamo avuto	avessimo	avessimo avuto
che voi	abbiate	abbiate avuto	aveste	aveste avuto
che essi/esse/loro	abbiano	abbiano avuto	avessero	avessero avuto
	Condizionale			**Imperativo**
	Presente	**Passato**		**Presente**
io	avrei	avrei avuto		–
tu	avresti	avresti avuto		abbi
egli/lei/lui	avrebbe	avrebbe avuto		abbia
noi	avremmo	avremmo avuto		abbiamo
voi	avreste	avreste avuto		abbiate
essi/esse/loro	avrebbero	avrebbero avuto		abbiano

Infinito		**Participio**		**Gerundio**	
Presente	**Passato**	**Presente**	**Passato**	**Presente**	**Passato**
avere	avere avuto	avente	avuto	avendo	avendo avuto

5 La coniugazione dei verbi: i verbi regolari e irregolari

I verbi regolari

Si dicono verbi **regolari** quelli che in tutta la coniugazione non cambiano mai la radice e conservano lo stesso modello di desinenze per i diversi modi, tempi e persone.

- I verbi regolari sono raggruppati in tre tipi di coniugazioni: prima coniugazione ***-are*** (*lavare*), seconda coniugazione ***-ere*** (*temere*), terza coniugazione ***-ire*** (*sentire*).

- Delle tre coniugazioni, quella ancora produttiva è generalmente la prima. I nuovi verbi che entrano a far parte del vocabolario della lingua italiana appartengono al gruppo di *lavare*: *allunare, lottizzare, cliccare* ecc.

- Nella terza coniugazione ci sono dei verbi, come *finire*, che prendono il suffisso -**isc**, inserito fra radice e desinenza, nella prima, seconda, terza e sesta persona dell'indicativo e del congiuntivo presenti, e nella seconda, terza e sesta persona dell'imperativo.

I verbi che si coniugano secondo il modello di *finire* sono circa 500.
Tra quelli compresi nel Vocabolario di base ➔ ricordiamo: *abolire, agire, approfondire, arricchire, arrossire, capire, chiarire, colpire, costruire, custodire, diminuire, distribuire, esaurire, favorire, finire, fiorire, garantire, gradire, guarire, impaurire, impazzire, impedire, inserire, istruire, proibire, pulire, punire, riunire, spedire, stupire, subire, ubbidire, unire*.

La prima coniugazione: lavare

Indicativo

	Presente	Passato prossimo	Imperfetto	Trapassato prossimo
io	lavo	ho lavato	lavavo	avevo lavato
tu	lavi	hai lavato	lavavi	avevi lavato
egli/lei/lui	lava	ha lavato	lavava	aveva lavato
noi	laviamo	abbiamo lavato	lavavamo	avevamo lavato
voi	lavate	avete lavato	lavavate	avevate lavato
essi/esse/loro	lavano	hanno lavato	lavavano	avevano lavato
	Passato remoto	**Trapassato remoto**	**Futuro semplice**	**Futuro anteriore**
io	lavai	ebbi lavato	laverò	avrò lavato
tu	lavasti	avesti lavato	laverai	avrai lavato
egli/lei/lui	lavò	ebbe lavato	laverà	avrà lavato
noi	lavammo	avemmo lavato	laveremo	avremo lavato
voi	lavaste	aveste lavato	laverete	avrete lavato
essi/esse/loro	lavarono	ebbero lavato	laveranno	avranno lavato

Congiuntivo

	Presente	Passato	Imperfetto	Trapassato
che io	lavi	abbia lavato	lavassi	avessi lavato
che tu	lavi	abbia lavato	lavassi	avessi lavato
che egli/lei/lui	lavi	abbia lavato	lavasse	avesse lavato
che noi	laviamo	abbiamo lavato	lavassimo	avessimo lavato
che voi	laviate	abbiate lavato	lavaste	aveste lavato
che essi/esse/loro	lavino	abbiano lavato	lavassero	avessero lavato

Condizionale / Imperativo

	Condizionale Presente	Condizionale Passato	Imperativo Presente
io	laverei	avrei lavato	–
tu	laveresti	avresti lavato	lava
egli/lei/lui	laverebbe	avrebbe lavato	lavi
noi	laveremmo	avremmo lavato	laviamo
voi	lavereste	avreste lavato	lavate
essi/esse/loro	laverebbero	avrebbero lavato	lavino

Infinito / Participio / Gerundio

Infinito Presente	Infinito Passato	Participio Presente	Participio Passato	Gerundio Presente	Gerundio Passato
lavare	avere lavato	lavante	lavato	lavando	avendo lavato

- I verbi che terminano in **-care** e **-gare**, come ad esempio *mancare* e *negare*, per conservare il suono duro di ***c*** e ***g*** prendono la consonante ***h*** davanti alle desinenze che cominciano per ***e*** o ***i***: *La tua compagnia mi **mancherà** molto. / Tu **neghi** anche di fronte ai fatti più evidenti.*
- I verbi che terminano in **-ciare** e **-giare**, come ad esempio *cominciare* e *mangiare*, perdono la ***i*** del tema davanti alle desinenze che cominciano per ***e*** o ***i***: *Domani **cominceremo** a studiare i verbi. / Ma quanto **mangi**!*
- I verbi che terminano in **-iare**, come ad esempio *inviare* e *studiare*, conservano la ***i*** del tema anche davanti ad un'altra ***i*** della desinenza se la ***i*** del presente indicativo è tonica (accentata), perdono la ***i*** del tema davanti ad un'altra ***i*** della desinenza se la ***i*** del presente indicativo è atona (non accentata): *Signora, quando ha scritto quella lettera la **invii** al Rettore dell'Università. / Tu non **studi** abbastanza: per questo gli esami ti vanno male.*

La seconda coniugazione: **temere**

	Indicativo			
	Presente	**Passato prossimo**	**Imperfetto**	**Trapassato prossimo**
io	temo	ho temuto	temevo	avevo temuto
tu	temi	hai temuto	temevi	avevi temuto
egli/lei/lui	teme	ha temuto	temeva	aveva temuto
noi	temiamo	abbiamo temuto	temevamo	avevamo temuto
voi	temete	avete temuto	temevate	avevate temuto
essi/esse/loro	temono	hanno temuto	temevano	avevano temuto
	Passato remoto	**Trapassato remoto**	**Futuro semplice**	**Futuro anteriore**
io	temei (-etti)	ebbi temuto	temerò	avrò temuto
tu	temesti	avesti temuto	temerai	avrai temuto
egli/lei/lui	temé (-ette)	ebbe temuto	temerà	avrà temuto
noi	tememmo	avemmo temuto	temeremo	avremo temuto
voi	temeste	aveste temuto	temerete	avrete temuto
essi/esse/loro	temerono (-ettero)	ebbero temuto	temeranno	avranno temuto
	Congiuntivo			
	Presente	**Passato**	**Imperfetto**	**Trapassato**
che io	tema	abbia temuto	temessi	avessi temuto
che tu	tema	abbia temuto	temessi	avessi temuto
che egli/lei/lui	tema	abbia temuto	temesse	avesse temuto
che noi	temiamo	abbiamo temuto	temessimo	avessimo temuto
che voi	temiate	abbiate temuto	temeste	aveste temuto
che essi/esse/loro	temano	abbiano temuto	temessero	avessero temuto
	Condizionale			**Imperativo**
	Presente	**Passato**		**Presente**
io	temerei	avrei temuto		–
tu	temeresti	avresti temuto		temi
egli/lei/lui	temerebbe	avrebbe temuto		tema
noi	temeremmo	avremmo temuto		temiamo
voi	temereste	avreste temuto		temete
essi/esse/loro	temerebbero	avrebbero temuto		temano

Infinito		**Participio**		**Gerundio**	
Presente	**Passato**	**Presente**	**Passato**	**Presente**	**Passato**
temere	avere temuto	temente	temuto	temendo	avendo temuto

● Come si vede dalla coniugazione di *temere*, i verbi della seconda coniugazione, alla prima, terza e sesta persona del passato remoto possono avere due forme. Con i verbi che, come potere, hanno un tema che finisce in ***t***, si preferisce tuttavia usare solo la forma in ***-é***: *Scusami, ma ieri non ti* ***potei*** *proprio telefonare.*

● I verbi che terminano in **-cere**, come ad esempio vincere e crescere, cambiano il suono da dolce a duro davanti alle desinenze che cominciano per ***a*** e per ***o***, ma mantengono il suono dolce, e quindi prendono una ***i***, davanti alla desinenza del participio passato, se hanno il participio passato in ***-uto***: *Anche se compri molti biglietti della lotteria è difficile che tu* ***vinca*** *il primo premio. / L'erba del prato è* ***cresciuta*** *così in fretta, perché nei giorni scorsi è piovuto tanto.*

La terza coniugazione: **sentire**

	Indicativo			
	Presente	**Passato prossimo**	**Imperfetto**	**Trapassato prossimo**
io	sento	ho sentito	sentivo	avevo sentito
tu	senti	hai sentito	sentivi	avevi sentito
egli/lei/lui	sente	ha sentito	sentiva	aveva sentito
noi	sentiamo	abbiamo sentito	sentivamo	avevamo sentito
voi	sentite	avete sentito	sentivate	avevate sentito
essi/esse/loro	sentono	hanno sentito	sentivano	avevano sentito
	Passato remoto	**Trapassato remoto**	**Futuro semplice**	**Futuro anteriore**
io	sentii	ebbi sentito	sentirò	avrò sentito
tu	sentisti	avesti sentito	sentirai	avrai sentito
egli/lei/lui	sentì	ebbe sentito	sentirà	avrà sentito
noi	sentimmo	avemmo sentito	sentiremo	avremo sentito
voi	sentiste	aveste sentito	sentirete	avrete sentito
essi/esse/loro	sentirono	ebbero sentito	sentiranno	avranno sentito
	Congiuntivo			
	Presente	**Passato**	**Imperfetto**	**Trapassato**
che io	senta	abbia sentito	sentissi	avessi sentito
che tu	senta	abbia sentito	sentissi	avessi sentito
che egli/lei/lui	senta	abbia sentito	sentisse	avesse sentito
che noi	sentiamo	abbiamo sentito	sentissimo	avessimo sentito
che voi	sentiate	abbiate sentito	sentiste	aveste sentito
che essi/esse/loro	sentano	abbiano sentito	sentissero	avessero sentito
	Condizionale			**Imperativo**
	Presente	**Passato**		**Presente**
io	sentirei	avrei sentito		–
tu	sentiresti	avresti sentito		senti
egli/lei/lui	sentirebbe	avrebbe sentito		senta
noi	sentiremmo	avremmo sentito		sentiamo
voi	sentireste	avreste sentito		sentite
essi/esse/loro	sentirebbero	avrebbero sentito		sentano

Infinito		**Participio**		**Gerundio**	
Presente	**Passato**	**Presente**	**Passato**	**Presente**	**Passato**
sentire	avere sentito	sentente	sentito	sentendo	avendo sentito

La terza coniugazione: **finire**

	Indicativo			
Presente	**Passato prossimo**	**Imperfetto**	**Trapassato prossimo**	
io	finisco	ho finito	finivo	avevo finito
tu	finisci	hai finito	finivi	avevi finito
egli/lei/lui	finisce	ha finito	finiva	aveva finito
noi	finiamo	abbiamo finito	finivamo	avevamo finito
voi	finite	avete finito	finivate	avevate finito
essi/esse/loro	finiscono	hanno finito	finivano	avevano finito
	Passato remoto	**Trapassato remoto**	**Futuro semplice**	**Futuro anteriore**
io	finii	ebbi finito	finirò	avrò finito
tu	finisti	avesti finito	finirai	avrai finito
egli/lei/lui	finì	ebbe finito	finirà	avrà finito
noi	finimmo	avemmo finito	finiremo	avremo finito
voi	finiste	aveste finito	finirete	avrete finito
essi/esse/loro	finirono	ebbero finito	finiranno	avranno finito
	Congiuntivo			
	Presente	**Passato**	**Imperfetto**	**Trapassato**
che io	finisca	abbia finito	finissi	avessi finito
che tu	finisca	abbia finito	finissi	avessi finito
che egli/lei/lui	finisca	abbia finito	finisse	avesse finito
che noi	finiamo	abbiamo finito	finissimo	avessimo finito
che voi	finiate	abbiate finito	finiste	aveste finito
che essi/esse/loro	finiscano	abbiano finito	finissero	avessero finito
	Condizionale			**Imperativo**
	Presente	**Passato**		**Presente**
io	finirei	avrei finito		–
tu	finiresti	avresti finito		finisci
egli/lei/lui	finirebbe	avrebbe finito		finisca
noi	finiremmo	avremmo finito		finiamo
voi	finireste	avreste finito		finite
essi/esse/loro	finirebbero	avrebbero finito		finiscano

Infinito		**Participio**		**Gerundio**	
Presente	**Passato**	**Presente**	**Passato**	**Presente**	**Passato**
finire	avere finito	finente	finito	finendo	avendo finito

I verbi irregolari

Si dicono verbi **irregolari** quelli che non seguono il modello della coniugazione a cui appartengono.
L'irregolarità di un verbo può riguardare sia la **radice** (*and-are*: *vad-o*), sia la **desinenza** (*cad-ere*: *cad-di*).

- I verbi irregolari della 1ª e della 3ª coniugazione sono pochi, mentre sono assai numerosi quelli della 2ª coniugazione.

- Una delle forme di uso frequente più vistosamente irregolare è il **participio passato**.

Alcuni verbi di uso comune che hanno il participio passato irregolare sono i seguenti:
aprire: → ***aperto***;
chiedere: → ***chiesto***;
chiudere: → ***chiuso***;
coprire: → ***coperto***;
correre: → ***corso***;
leggere: → ***letto***;
mettere: → ***messo***;
offrire: → ***offerto***;
perdere: → ***perso/perduto***;
prendere: → ***preso***;
rispondere: → ***risposto***;
scrivere: → ***scritto***;
soffrire: → ***sofferto***;
spendere: → ***speso***;
vivere: → ***vissuto***.

Le coniugazioni complete dei verbi irregolari di uso più comune possono essere consultate alla fine del volume (pagine 170-187).

6 La coniugazione dei verbi: la forma riflessiva e la forma passiva

La forma riflessiva

1. *Con i capelli corti non devo perdere troppo tempo per* ***pettinarmi***.
2. *Ma come* ***si sono vestite*** *oggi queste ragazze?*

Il verbo ha forma **riflessiva** quando il soggetto compie l'azione su se stesso, e quindi soggetto e oggetto coincidono (**1**, **2**).

- La forma riflessiva si può avere solo con i verbi **transitivi** ⇨.

- Nella forma riflessiva il verbo è sempre accompagnato dai pronomi personali di forma atona *mi, ti, si, ci, vi, si* ⇨ con funzione di oggetto. I pronomi personali di solito stanno davanti al verbo: stanno dopo il verbo in alcuni casi particolari, come ad esempio con l'infinito (**1**), con il gerundio, ecc.

- Nella forma riflessiva il verbo ausiliare è *essere* (**2**).

  Ci sono dei casi in cui le forme riflessive non esprimono un'azione compiuta dal soggetto che si riflette sul soggetto stesso, ma piuttosto un'azione che due soggetti si scambiano: *I bambini di Federica* ***si vogliono molto bene: si abbracciano*** *sempre.*

  Ci sono altri casi in cui la forma è riflessiva, ma l'azione cade su un oggetto: *Bambini,* ***vi siete lavati*** *le mani?*

La forma riflessiva: lavarsi

	Indicativo			
	Presente	**Passato prossimo**	**Imperfetto**	**Trapassato prossimo**
io	mi lavo	mi sono lavato/a	mi lavavo	mi ero lavato/a
tu	ti lavi	ti sei lavato/a	ti lavavi	ti eri lavato/a
egli/lei/lui	si lava	si è lavato/a	si lavava	si era lavato/a
noi	ci laviamo	ci siamo lavati/e	ci lavavamo	ci eravamo lavati/e
voi	vi lavate	vi siete lavati/e	vi lavavate	vi eravate lavati/e
essi/esse/loro	si lavano	si sono lavati/e	si lavavano	si erano lavati/e
	Passato remoto	**Trapassato remoto**	**Futuro semplice**	**Futuro anteriore**
io	mi lavai	mi fui lavato/a	mi laverò	mi sarò lavato/a
tu	ti lavasti	ti fosti lavato/a	ti laverai	ti sarai lavato/a
egli/lei/lui	si lavò	si fu lavato/a	si laverà	si sarà lavato/a
noi	ci lavammo	ci fummo lavati/e	ci laveremo	ci saremo lavati/e
voi	vi lavaste	vi foste lavati/e	vi laverete	vi sarete lavati/e
essi/esse/loro	si lavarono	si furono lavati/e	si laveranno	si saranno lavati/e
	Congiuntivo			
	Presente	**Passato**	**Imperfetto**	**Trapassato**
che io	mi lavi	mi sia lavato/a	mi lavassi	mi fossi lavato/a
che tu	ti lavi	ti sia lavato/a	ti lavassi	ti fossi lavato/a
che egli/lei/lui	si lavi	si sia lavato/a	si lavasse	si fosse lavato/a
che noi	ci laviamo	ci siamo lavati/e	ci lavassimo	ci fossimo lavati/e
che voi	vi laviate	vi siate lavati/e	vi lavaste	vi foste lavati/e
che essi/esse/loro	si lavino	si siano lavati/e	si lavassero	si fossero lavati/e
	Condizionale			**Imperativo**
	Presente	**Passato**		**Presente**
io	mi laverei	mi sarei lavato/a		–
tu	ti laveresti	ti saresti lavato/a		lavati
egli/lei/lui	si laverebbe	si sarebbe lavato/a		si lavi
noi	ci laveremmo	ci saremmo lavati/e		laviamoci
voi	vi lavereste	vi sareste lavati/e		lavatevi
essi/esse/loro	si laverebbero	si sarebbero lavati/e		si lavino

Infinito		**Participio**		**Gerundio**	
Presente	**Passato**	**Presente**	**Passato**	**Presente**	**Passato**
lavarsi	essersi lavato/a	lavantesi	lavatosi	lavandosi	essendosi lavato/a

La forma passiva

1. *Il progetto deve* ***essere approvato*** *dagli organi competenti.*
2. *Questa casa non* ***si può*** *vendere a un prezzo così alto.*

Il verbo ha forma **passiva** quando non è il soggetto che compie l'azione (**1**, **2**). La forma passiva si può avere solo con i verbi **transitivi** ➔.

• Tutte le frasi attive, che hanno un verbo transitivo e il complemento oggetto espresso, possono essere trasformate in passive senza che ci siano cambiamenti nel loro significato globale. Nella trasformazione, il complemento oggetto della frase attiva diventa soggetto della passiva, il soggetto della frase attiva diventa, nella passiva, complemento di agente (sempre preceduto dalla preposizione ***da***): *Gli organi competenti devono approvare il progetto* = ***Il progetto deve essere approvato dagli organi competenti***.

• La forma passiva è usata soprattutto nello scritto, in particolare nei testi di tipo impersonale (leggi, norme, istruzioni, ecc.), perché serve a mettere in evidenza l'azione e il suo oggetto, lasciando in secondo piano il soggetto, o trascurandolo del tutto quando il complemento di agente non è espresso: *Il presente decreto* ***sarà ratificato*** *entro un mese.*

La forma passiva si può fare nei seguenti modi:

- Con il verbo ***essere*** coniugato nel modo, tempo e persona della forma attiva + participio passato del verbo stesso (**1**).
- Con il verbo ***venire*** al posto di *essere*. Questa costruzione è possibile solo quando si usano i tempi semplici: *Le spese dell'Università* ***vengono esaminate*** *dai revisori dei conti* (ma si dirà: *Le spese dell'Università* ***sono state esaminate*** *dai revisori dei conti*).
- Con il verbo ***andare*** al posto di *essere*. Questa costruzione è possibile solo quando si usano i tempi semplici e non si esprime il complemento di agente; ha in genere il valore di "*dovere*": *Ragazzi, i verbi* ***vanno studiati****! (= Ragazzi, i verbi devono essere studiati).*
- Con il pronome atono ***si*** (chiamato ***si passivante***) + la 3ª o 6ª persona di un verbo transitivo attivo in uno dei suoi tempi semplici (**2**). La costruzione con il *si passivante* si usa con molta frequenza specialmente quando nella frase non c'è il complemento d'agente espresso e quando il soggetto della frase è un essere inanimato.

La forma passiva: essere lavato

	Indicativo			
	Presente	Passato prossimo	Imperfetto	Trapassato prossimo
io	sono lavato/a	sono stato/a lavato/a	ero lavato/a	ero stato/a lavato/a
tu	sei lavato/a	sei stato/a lavato/a	eri lavato/a	eri stato/a lavato/a
egli/lei/lui	è lavato/a	è stato/a lavato/a	era lavato/a	era stato/a lavato/a
noi	siamo lavati/e	siamo stati/e lavati/e	eravamo lavati/e	eravamo stati/e lavati/e
voi	siete lavati/e	siete stati/e lavati/e	eravate lavati/e	eravate stati/e lavati/e
essi/esse/loro	sono lavati/e	sono stati/e lavati/e	erano lavati/e	erano stati/e lavati/e
	Passato remoto	**Trapassato remoto**	**Futuro semplice**	**Futuro anteriore**
io	fui lavato/a	fui stato/a lavato/a	sarò lavato/a	sarò stato/a lavato/a
tu	fosti lavato/a	fosti stato/a lavato/a	sarai lavato/a	sarai stato/a lavato/a
egli/lei/lui	fu lavato/a	fu stato/a lavato/a	sarà lavato/a	sarà stato/a lavato/a
noi	fummo lavati/e	fummo stati/e lavati/e	saremo lavati/e	saremo stati/e lavati/e
voi	foste lavati/e	foste stati/e lavati/e	sarete lavati/e	sarete stati/e lavati/e
essi/esse/loro	furono lavati/e	furono stati/e lavati/e	saranno lavati/e	saranno stati/e lavati/e
	Congiuntivo			
	Presente	**Passato**	**Imperfetto**	**Trapassato**
che io	sia lavato/a	sia stato/a lavato/a	fossi lavato/a	fossi stato/a lavato/a
che tu	sia lavato/a	sia stato/a lavato/a	fossi lavato/a	fossi stato/a lavato/a
che egli/lei/lui	sia lavato/a	sia stato/a lavato/a	fosse lavato/a	fosse stato/a lavato/a
che noi	siamo lavati/e	siamo stati/e lavati/e	fossimo lavati/e	fossimo stati/e lavati/e
che voi	siate lavati/e	siate stati/e lavati/e	foste lavati/e	foste stati/e lavati/e
che essi/esse/loro	siano lavati/e	siano stati/e lavati/e	fossero lavati/e	fossero stati/e lavati/e
	Condizionale			**Imperativo**
	Presente	**Passato**		**Presente**
io	sarei lavato/a	sarei stato/a lavato/a		–
tu	saresti lavato/a	saresti stato/a lavato/a		sii lavato/a
egli/lei/lui	sarebbe lavato/a	sarebbe stato/a lavato/a		sia lavato/a
noi	saremmo lavati/e	saremmo stati/e lavati/e		siamo lavati/e
voi	sareste lavati/e	sareste stati/e lavati/e		siate lavati/e
essi/esse/loro	sarebbero lavati/e	sarebbero stati/e lavati/e		siano lavati/e

Infinito		**Participio**		**Gerundio**	
Presente	**Passato**	**Presente**	**Passato**	**Presente**	**Passato**
essere lavato	essere stato lavato	–	stato lavato	essendo lavato	essendo stato lavato

7 La coniugazione dei verbi: i verbi pronominali, impersonali, difettivi

I verbi pronominali

1. *Non* ***ti sei accorta*** *quanto è diventata bella tua figlia?*
2. *Voi non* ***vi ricordate*** *mai di niente.*

I verbi **pronominali** sono verbi intransitivi che si coniugano come i verbi riflessivi →. Il pronome atono in questo caso non ha però alcun valore riflessivo: è parte integrante del verbo (**1**, **2**)

- Tra i verbi pronominali distinguiamo diversi gruppi.
- Alcuni, come *vergognarsi, accorgersi* hanno solo la forma pronominale e l'uso del pronome atono è pertanto obbligatorio (**1**).
- Alcuni, come *ricordare/ricordarsi, sedere/sedersi* hanno una forma pronominale (**2**) e anche una forma non pronominale, senza pronome atono: ***Ricordo*** *benissimo le fiabe che mi raccontava mia nonna.* Le due differenti forme hanno spesso costruzioni diverse e/o diverse sfumature di significato.
- Alcuni, come *alzarsi* e *svegliarsi,* hanno una forma pronominale intransitiva: *Appena* ***mi sveglio****, mi piace* ***alzarmi*** e una non pronominale transitiva: *Non* ***alzare*** *quel pacco! Per te è troppo pesante.* Nelle due differenti forme i cambiamenti di significato sono rilevanti.

Nella lingua parlata, e talvolta anche in quella scritta, per dare più intensità e partecipazione emotiva alla frase, si usano con verbi transitivi non pronominali i pronomi atoni mi, ti, ecc.: *Appena arrivo a casa* ***mi mangio*** *un bel piatto di spaghetti all'olio.*

I verbi impersonali

1. *Che brutto inverno!* ***Piove*** *ogni giorno.*
2. ***Bisogna*** *che l'Italia esca da queste continue crisi politiche.*

I verbi **impersonali** sono verbi che non possono avere un soggetto determinato e si usano solo nei modi indefiniti ⇒ e nella 3ª persona dei modi finiti (**1**, **2**).

• Si usano in modo esclusivamente impersonale i verbi che indicano fenomeni atmosferici come *piovere, nevicare, grandinare, tuonare,* ecc. (**1**) e le espressioni *fa caldo* e *fa freddo.*

• Si usano spesso, ma non sempre, in modo impersonale verbi e espressioni verbali come *bisogna, accade, succede, è chiaro, è opportuno, è necessario,* ecc. (**2**).

• Si possono usare in modo impersonale tutti i verbi. La forma impersonale si ottiene mettendo davanti alla terza persona del verbo il pronome atono (o particella pronominale) *si* ⇒: *Nelle città di provincia* ***si vive*** *abbastanza bene.*

• I tempi composti dei verbi impersonali si formano con l'ausiliare *essere.* I verbi che indicano fenomeni atmosferici tuttavia si possono formare sia con l'ausiliare *essere* sia con l'ausiliare *avere* ⇒.

Per fare la forma impersonale dei verbi riflessivi e pronominali, dove è già presente il pronome *si*, si usa il pronome *ci*: *Non* ***ci si accorge*** *facilmente dei propri difetti.*

I verbi difettivi

1. *I documenti dovranno essere redatti in bollo, secondo le disposizioni* ***vigenti****.*
2. *Sì Luigi è una persona buona, ma non è, come* ***suol*** *dirsi, una grande mente.*

I verbi **difettivi** hanno solo poche forme. Si tratta di verbi dei quali si usano poco anche le forme esistenti o se ne usano alcune inserite però in espressioni fisse, chiamate polirematiche ⇒: *come suol dirsi* (verbo *solere*), *secondo le leggi / le norme / le disposizioni vigenti* (verbo *vigere*), *nulla osta* (verbo *ostare*) (**1**, **2**).

8 I nomi

1. *L'**Italia*** è una **penisola**.*
2. ***Mario*** è **amico** di **Giulio***.*
3. *Il mio **cane** si chiama **Tobia***.*
4. *Il **pubblico**** ha applaudito a lungo i **musicisti**.*
5. *C'era una grande **folla**** al **supermercato**!*

I nomi, o sostantivi, sono parole che servono ad indicare persone, animali, cose, idee, ecc.
I nomi **propri** (**1***, **2***,**3***) indicano un individuo specifico all'interno di una categoria o di una specie; i nomi **comuni** (**1**, **2**, **3**, **4**, **5**) indicano tutti gli individui di una categoria o di una specie, senza alcuna particolare distinzione; i nomi **collettivi** (**4****, **5****) indicano un gruppo di individui della stessa specie.
Qualunque parola che non è nome, se preceduta dall'articolo, può avere la funzione di nome: *Salutami **i tuoi**. / **Il leggere** e **lo scrivere** sono apprendimenti importanti per i bambini.*

Il genere e il numero dei nomi

I nomi hanno forme diverse per esprimere il **genere** (maschile/femminile) e il **numero** (singolare/plurale). La desinenza (vocale finale) di ciascun nome contiene due tipi di informazioni, quella del genere e quella del numero: *il bambi**no**, la bambin**a**, i bambin**i**, le bambin**e***. Non sempre genere e numero sono marcati da desinenze diverse: *il cantant**e**, la cantant**e**, i cantant**i**, le cantant**i***.

Il genere dei nomi: maschile e femminile

I nomi possono essere **maschili** o **femminili.** Per i nomi che indicano esseri animati si tratta di genere reale, in quanto legato al sesso (*il padre / la madre*; *il gatto / la gatta*), ma per tutti gli altri nomi il genere è del tutto arbitrario.

Solo l'uso ha stabilito che *il pubblico, il bene, il libro* sono di genere maschile e *la folla, la luce, la penna* sono di genere femminile.

Conoscere il genere dei singoli nomi è importante perché tutti gli elementi variabili del discorso (articoli, aggettivi, ecc.), che si riferiscono ad un nome, si accordano con esso nel genere e nel numero: ***Il** libr**o** è giall**o**. / Quest**a** luce è giall**a**.*

- Sono generalmente **maschili**:

– i nomi che terminano in **-o**: *il libr**o**, il nas**o**, il tavol**o**,* ecc. (sono tuttavia femminili alcuni nomi come *la mano, la radio, la moto, l'auto, la foto*).
– i nomi che terminano con una consonante: *il ba**r**, lo spor**t**, il compute**r**, il ga**s**,* ecc.
– i nomi degli alberi: *il melo, l'olivo, il salice, l'abete, il cipresso,* ecc. (sono tuttavia femminili alcuni nomi come *la palma, la quercia, la vite*).
– i nomi dei metalli e degli elementi chimici: *l'oro, il ferro, il rame, l'ossigeno,* ecc.
– i nomi dei mesi e dei giorni della settimana: *il dicembre passato, un settembre caldo, il lunedì* ecc. È femminile *la domenica*.
– i nomi dei monti, dei fiumi, dei laghi, dei mari: *il Tevere, il Tamigi, il Garda, il Mediterraneo,* ecc. Sono femminili alcuni nomi come *la Senna, le Alpi, le Dolomiti*.

- Sono generalmente **femminili**:

– i nomi che terminano in **-a**: *la penisol**a**, la foll**a**, la libert**à**,* ecc. (sono tuttavia maschili alcuni nomi come *il programma, il diploma, il problema*).
– i nomi che terminano in **-i**: *la cris**i**, la tes**i**, l'analis**i*** ecc. (sono tuttavia maschili alcuni nomi come *il brindisi, l'alibi*).
– i nomi dei frutti: *la mela, l'oliva, la pesca, la fragola,* ecc. (sono tuttavia maschili alcuni nomi come *il limone, il fico, il dattero*).
– i nomi delle scienze e dei concetti astratti: *la linguistica, la fede, la pace,* ecc.
– i nomi delle città: *la ricca Milano, la bella Napoli, la Firenze rinascimentale,* ecc.
– i nomi dei continenti, delle regioni e degli stati (soprattutto di quelli europei): *l'Europa, la Toscana, la Francia,* ecc. (sono tuttavia maschili alcuni nomi come *il Lazio, il Belgio, il Lussemburgo*).

- Possono essere **maschili** o **femminili**:

– i nomi che terminano in **-e**: *il ben**e**, il can**e**, la nott**e**, la set**e**,* ecc.

I nomi **stranieri**, usati nei testi italiani, conservano generalmente lo stesso genere che hanno nella lingua originaria: *l'iter* (latino), *la boutique* (francese), *il golpe* (spagnolo), ecc. I nomi inglesi sono generalmente maschili: *il corner*, *lo smoking*, *il gap*, ecc., ma sono femminili i nomi di essere animati che sono femminili nel loro genere naturale e alcuni nomi che hanno in italiano un corrispondente femminile: *la star*, *la girl*, *la gang* (la banda), *la privacy* (la vita privata), ecc.

Genere dei nomi			
Maschile		**Femminile**	
-o	*l'amico, il pubblico*	**-o**	*la radio, la mano*
-e	*il cane, il bene*	**-e**	*la luce, la pace*
-a	*il problema, il programma*	**-a**	*la penisola, la folla*

La formazione del femminile

I nomi di **esseri animati** hanno generalmente sia forma maschile che femminile. Per passare dal maschile al femminile i nomi cambiano la desinenza (vocale finale).

- I nomi che al maschile terminano in **-o** cambiano generalmente la desinenza **-o** in **-a**: *il bambin**o** / la bambin**a**, l'amic**o** / l'amic**a**, il gatt**o** / la gatt**a***.

- I nomi che al maschile terminano in **-a** generalmente non cambiano: *il colleg**a** / la colleg**a**, il pediatr**a** / la pediatr**a**, il giornalist**a** / la giornalist**a***. Alcuni nomi in **-a** cambiano la **-a** in **-essa** come *il poet**a** / la poet**essa***.

- I nomi che al maschile terminano in **-e** passano al femminile in modi differenti.
  - Alcuni cambiano la desinenza **-e** in **-a**: *il signor**e** / la signor**a**, il camerier**e** / la camerier**a*** ecc.
  - Alcuni cambiano la **-e** in **-essa**: *lo student**e** / la student**essa**, il professor**e** / la professor**essa**, il leon**e** / la leon**essa***, ecc.
  - Alcuni (quelli in **-tore)** cambiano il suffisso **-tore** in **-trice**: *lo scrit**tore** / la scrit**trice**, l'at**tore** / l'at**trice*** ecc. *Dottore* ha però il femminile in *dottoressa*.
  - Alcuni hanno una sola forma per il maschile e per il femminile: *il nipot**e** / la nipot**e**, il parent**e** / la parent**e**, il cantant**e** / la cantant**e***, ecc.

- Ci sono dei nomi che hanno forme completamente diverse per il maschile e per il femminile: *l'uomo / la donna, il padre / la madre, il marito / la moglie, il fratello / la sorella, il maschio / la femmina*, ecc.

- Ci sono dei nomi (sono la maggior parte di quelli degli animali non domestici) che hanno una sola forma, o maschile o femminile, per indicare sia il maschio che la femmina: *la rondine, la volpe, la balena, il leopardo, il falco*. Gli articoli, aggettivi, ecc. che accompagnano questi nomi si accordano con il genere grammaticale del nome indipendentemente dal fatto che si parli di un animale maschio o femmina: *I **leopardi** allattano i propri piccoli con grande cura*. Quando vogliamo indicare specificamente il sesso di uno di questi animali, possiamo dire: *il leopardo femmina, la volpe maschio* oppure *la femmina del leopardo, il maschio della volpe*.

- I Con i nomi che indicano professioni o cariche, specialmente quelle alle quali le donne sono arrivate in tempi recenti, si utilizzano spesso le forme maschili, anche quando si riferiscono ad una donna. L'uso è tuttavia vario e non stabilizzato.
- La Commissione nazionale per le pari opportunità uomo-donna ha recentemente raccomandato di evitare i nomi maschili riferiti a donne e ha suggerito di sostituirli con forme femminili in **-a** (*l'avvocato / l'avvocata*, *il magistrato / la magistrata*), ma questa posizione non è piaciuta neppure a molte donne le quali preferiscono usare le forme maschili: *Lo **psicologo** responsabile del distretto 9 è la dottoressa Daniela Antonini. / La mia amica Giovanna è un bravissimo **architetto***.

Formazione del femminile dei nomi

Maschile singolare		**Femminile singolare**	
-o	*l'amico*	**-a**	*l'amica*
-a	*il collega*	**-a**	*la collega*
-e	*il signore*	**-a**	*la signora*
-e	*il professore*	**-essa**	*la professoressa*
-e	*il nipote*	**-e**	*la nipote*
-tore	*l'attore*	**-trice**	*l'attrice*

Il numero dei nomi: singolare e plurale

Per quanto riguarda il numero, i nomi possono avere due forme: **singolare** e **plurale**. La forma **singolare** indica una cosa sola o un solo essere animato: *il libro, un cane*. La forma **plurale** indica più cose o più esseri animati: *molti beni, i musicisti, due libri*.

La formazione del plurale

Per passare dal singolare al plurale i nomi cambiano la desinenza (vocale finale). In generale tutti i nomi maschili cambiano le loro desinenze singolari in **-i**; quelli femminili cambiano la desinenza **-a** in **-e**, la desinenza **-e** in **-i**.

Formazione del plurale dei nomi

Maschile singolare	Maschile plurale
-a *il problema*	**-i** *i problemi*
-e *il cane*	**-i** *i cani*
-o *il libro*	**-i** *i libri*

Femminile singolare	Femminile plurale
-a *la casa*	**-e** *le case*
-e *la madre*	**-i** *le madri*

Casi particolari di formazione del plurale

Nomi in -ca, -ga e -cia, -gia

Singolare	Plurale
-ca, **-ga** *la mosca, il collega*	**-chi**, **-ghi** (maschile) **-che**, **-ghe** (femminile) *le mosche, i colleghi*
-cìa, **-gìa** (**ì** tonica, accentata) *la farmacia, la nostalgia*	**-cìe**, **-gìe** *le farmacie, le nostalgie*
-cia, **-gia** (**i** atona, non accentata) *la camicia, la ciliegia*	**-cie**, **-gie** (se **c** o **g** hanno davanti una vocale) *le camicie, le ciliegie*
-cia, **-gia** (**i** atona, non accentata) *la provincia, la spiaggia*	**-ce**, **-ge** (se **c** o **g** hanno davanti una consonante) *le province, le spiagge*

Nomi in -co e -go

Singolare	Plurale
-co, **-go**	**-chi**, **-ghi** (se sono parole con l'accento sulla penultima sillaba)
il fuoco, l'albergo	*i fuochi, gli alberghi*

Fanno eccezione: *l'amico / gli amici, il greco / i greci, il porco / i porci.*

Singolare	Plurale
-co, **-go**	**-ci**, **-gi** (se sono parole con l'accento sulla terzultima sillaba)
il medico, il sarcofago	*i medici, i sarcofagi*

Fanno eccezione: *il carico / i carichi, l'obbligo / gli obblighi, il profugo / i profughi.*

I nomi in -io

Singolare	Plurale
-io (**i** atona, non accentata) *lo studio, il figlio*	**-i** *gli studi, i figli*
-ìo (**ì** tonica, accentata) *lo zio, il ronzio*	**-ii** *gli zii, i ronzii*

I nomi invariabili

Molti nomi al singolare e al plurale non cambiano la forma e si dicono nomi **invariabili**. In un testo si può riconoscere se questi nomi sono singolari o plurali dall'articolo, dagli aggettivi, dai verbi, ecc.

- Sono invariabili:

– i nomi di una sola sillaba: *il re / i re, lo sci / gli sci*, ecc.

– i nomi che hanno l'accento sulla vocale finale: *la città / le città, il caffè / i caffè*, ecc.

– i nomi (quasi tutti di origine straniera) che terminano per consonante: *il film / i film*, ecc.

– i nomi femminili che terminano in **-o**: *la radio / le radio, la foto / le foto*, ecc.

– i nomi che terminano in **-i**: *la crisi / le crisi, la metropoli / le metropoli*, ecc.

– i nomi che terminano in **-ie**: *la serie / le serie, la specie / le specie*, ecc.
Fanno eccezione: *la moglie / le mogli, la superficie / le superfici*.

– alcuni nomi maschili in **-a**: *il cinema / i cinema, il vaglia / i vaglia*, ecc.

9 Gli articoli

1. *L'Italia è* ***una*** *penisola.*
2. *Attenti ragazzi! Sta arrivando* ***il*** *professore.*
3. ***Gli*** *studenti* ***della**** *scuola media oggi hanno fatto* ***l'****esame di italiano.*
4. ***I*** *miei fratelli sono ancora* ***all'****università.*
5. ***La*** *moglie di Luigi è* ***una*** *professoressa* ***del**** *liceo.*
6. *Voglio comprarmi* ***un*** *buon libro di italiano.*

Gli **articoli** sono parole che stanno sempre davanti al nome (**1**, **2**, **3**, **5**) o al suo aggettivo (**4**, **6**) per determinarlo in vario modo. Ci sono infatti due tipi di articolo: articolo **determinativo** (**1**, **2**, **3**, **4**, **5**) e articolo **indeterminativo** (**1***, **5***, **6**). L'articolo determinativo può combinarsi con una preposizione semplice per formare una preposizione articolata (**3****, **4****, **5****).
Gli articoli formano con i nomi un'unità indivisibile poiché non possono mai essere usati da soli e prendono il genere e il numero dei nomi a cui si uniscono. Anche i nomi, salvo casi particolari, sono uniti agli articoli.

Forme dell'articolo determinativo

Maschile singolare	Maschile plurale	
lo	**gli**	davanti a parole che iniziano con **s** + consonante, **z**, **ps**, **gn**: ***lo*** *studente*, ***lo*** *zucchero*, ***gli*** *psicologi*, ***gli*** *scherzi*.
il	**i**	davanti a parole che iniziano con le altre consonanti: ***il*** *professore*, ***il*** *sole*, ***i*** *libri*, ***i*** *verbi*.
l'	**gli**	davanti a parole che iniziano con vocale: ***l'****uomo*, ***l'****orologio*, ***gli*** *aerei*, ***gli*** *esercizi*.

Femminile singolare	Femminile plurale	
la	**le**	davanti a parole che iniziano con consonante: ***la*** *studentessa;* ***la*** *città;* ***le*** *ragazze,* ***le*** *scuole.*
l'	**le**	davanti a parole che iniziano con vocale: ***l'****Italia,* ***l'****economia,* ***le*** *acque,* ***le*** *italiane.*

Uso dell'articolo determinativo

- L'articolo determinativo si usa nei seguenti casi.

– Quando si indicano persone e cose note a chi parla e a chi ascolta: *Attenti ragazzi! Sta arrivando* ***il*** *professore.*

– Quando si indicano una categoria, una specie, una classe o un insieme di individui: ***Gli*** *studenti della scuola media oggi hanno fatto* ***l'****esame di italiano /* ***Il*** *cane è amico dell'uomo.*

Forme dell'articolo indeterminativo

Maschile singolare	
uno	davanti a parole che iniziano con **s** + consonante, **z**, **ps**, **gn**: ***uno*** *studente,* ***uno*** *psicologo,* ***uno*** *gnomo.*
un	davanti a parole che iniziano con le altre consonanti e con vocale: ***un*** *professore,* ***un*** *orologio.*

Femminile singolare	
una	davanti a parole che iniziano con consonante: ***una*** *studentessa,* ***una*** *città.*
un'	davanti a parole che iniziano con vocale: ***un'****economia,* ***un'****acqua.*

Uso dell'articolo indeterminativo

- L'articolo indeterminativo si usa nei seguenti casi.
- Quando si indicano persone e cose generiche, non note a chi parla e a chi ascolta: *Sto cercando* **un** *professore di matematica per mio figlio.*
- Quando si indica un individuo, un membro di una categoria, di una specie o di una classe: *Quando ero piccolo avevo* **un** *cane bianco.*

Per indicare una parte o una quantità indeterminata di qualcosa si può usare la preposizione articolata **di** (articolo partitivo): *Vorrei* ***del*** *prosciutto e* ***dei*** *panini (= Vorrei un po' di prosciutto e alcuni panini).*

Usi particolari dell'articolo

- L'articolo **non si usa**:
- con i nomi propri di persona: ***Luisa*** *e* ***Marco*** *sono amici miei.*
- con i nomi di città: ***Roma*** *e* ***Milano*** *sono le città più grandi d'Italia.*
- con l'aggettivo possessivo quando si trova davanti a nomi singolari di parentela: ***Mio figlio*** *studia all'Università.*

- L'articolo **si usa**:
- con i cognomi riferiti a donne: ***La Baldi*** *oggi non è venuta a scuola.*
- con i cognomi usati al plurale: ***I Pannini*** *abitano in via Magenta.*
- con i nomi di monti, di fiumi, di laghi, di regioni, di nazioni e di continenti: ***L'Arno*** *attraversa Firenze. /* ***La Lombardia*** *è una regione del Nord dell'Italia.*
- con l'aggettivo possessivo *loro* e con gli altri aggettivi possessivi quando si trovano davanti a nomi plurali di parentela: ***Il loro nipote*** *ha avuto un incidente. /* ***I miei figli*** *studiano all'Università.*

L'uso dell'articolo è vario, e varia anche secondo le regioni, con i cognomi riferiti a uomini, usati al singolare. Di solito l'articolo non si usa con i cognomi di personaggi illustri: ***Verdi*** *è stato un musicista molto famoso*. Si usa talvolta (soprattutto in Toscana) con i cognomi dei contemporanei non famosi: *Ieri mi ha telefonato* ***il Nardi***.

10 Le preposizioni

1. *Credo proprio che andrò* **a** *Parigi* **in** *treno.*
2. *Ho fatto molto* **per** *aiutarvi.*

Le preposizioni sono parole **invariabili** (non cambiano la loro forma) che servono a mettere in relazione vari elementi di una frase (**1**) oppure a mettere in relazione una frase con un'altra frase (**2**).
Sia quando mettono in relazione due parole di una frase, sia quando mettono in relazione due frasi (o proposizioni), le preposizioni hanno la funzione di espandere o completare il concetto della parola o della frase precedente.
Le preposizioni, come le congiunzioni ➔, sono "parole vuote", non hanno cioè un significato proprio: il loro significato deriva dalla funzione che svolgono nella frase.
Nella lingua italiana le preposizioni sono un elemento fondamentale. In una frase infatti tutti gli elementi (complementi) necessari per espandere e completare il discorso, ad eccezione del complemento oggetto, sono espressi attraverso le preposizioni.

Classificazione delle preposizioni

Le preposizioni si dividono nei seguenti gruppi.

Preposizioni proprie

1. *Se devo scegliere* **fra** *il blu e il nero, preferisco sempre il blu.*

Le preposizioni proprie sono: *di, a, da, in, con, su, per, tra/fra* e si chiamano così perché si usano solo come preposizioni (**1**).
Le preposizioni *di, a, da, in, su,* quando si trovano davanti ad un articolo determinativo si combinano con esso e formano le **preposizioni articolate**.
Le preposizioni articolate seguono le stesse regole di uso degli articoli determinativi ➔.

Forme delle preposizioni articolate

	Singolare		Plurale	
Preposizione semplice	**Articolo determ.**	**Preposizione articolata**	**Articolo determ.**	**Preposizione articolata**
di	il	del	i	dei
	lo	dello, dell'	gli	degli
	la	della, dell'	le	delle
a	il	al	i	ai
	lo	allo, all'	gli	agli
	la	alla, all'	le	alle
da	il	dal	i	dai
	lo	dallo, dall'	gli	dagli
	la	dalla, dall'	le	dalle
in	il	nel	i	nei
	lo	nello, nell'	gli	negli
	la	nella, nell'	le	nelle
su	il	sul	i	sui
	lo	sullo	gli	sugli
	la	sulla, sull'	le	sulle

Preposizioni improprie

1. ***Durante*** *l'inverno è piovuto molto.*

Le preposizioni improprie sono parole che possono assumere, oltre a quella di preposizione, anche funzioni di congiunzione, avverbio, ecc. Queste preposizioni sono numerose, ma hanno un significato più preciso e un uso meno esteso delle preposizioni proprie. Tra le più comuni ricordiamo: *davanti, dietro, prima, dopo, sopra, sotto, accanto, vicino, lontano, senza, mediante, durante,* ecc. (**1**)

- Alcune preposizioni improprie si mettono direttamente davanti al nome: *La macchina si mette in moto **mediante** una chiave*. Altre invece si uniscono ad una preposizione propria: *Il signor Giannini abita nella casa **accanto alla** nostra*.
- L'uso delle preposizioni proprie unite a quelle improprie è in molti casi piuttosto variabile e legato alle varietà di parlato regionale. Diamo comunque le regole di uso più comune.
  - Si usano direttamente davanti al nome, senza preposizione propria: *durante*, *lungo*, *secondo*, *dopo*, *senza*, *contro*, *oltre*, *mediante*: ***Secondo** me, con quel vestito leggero avrai freddo*.

- Si usano sempre unite ad una preposizione propria: *accanto*, *fino*, *vicino* (si uniscono alla preposizione *a*), *fuori*, *prima* (si uniscono alla preposizione *di*), *lontano*, *distante* (si uniscono alla preposizione *da*), *insieme* (si unisce alle preposizioni *con* o *a*): *No signora, la Cattedrale non è molto* ***distante da*** *qui*.
- Si possono usare da sole o con la preposizione propria *a*: *dietro*, *presso*, *sopra*, *sotto*: ***Dietro (a)*** *casa mia c'è un bosco bellissimo*.
- Quando stanno davanti ad un pronome personale, *dietro*, *presso*, *sopra*, *sotto*, *dopo*, *dentro*, *contro*, *senza*, si usano unite alla preposizione *di*: *Ieri, al cinema, abbiamo visto Marta: era seduta proprio* ***dietro di*** *noi*.

Locuzioni preposizionali

1. ***A prescindere dal*** *prezzo, non voglio comprare un'automobile così grande.*

Le locuzioni preposizionali sono elementi formati da due o più parole, che hanno lo stesso valore di uso delle preposizioni (**1**). Ci sono locuzioni formate da sostantivi e preposizioni come *in mezzo a, a favore di, in confronto a, a forza di, in base a, per causa di, in cambio di,* ecc. e anche locuzioni formate da verbi o avverbi e preposizioni come *a prescindere da, conformemente a, indipendentemente da,* ecc.

Le parole che formano una locuzione hanno un ordine fisso.

Uso delle preposizioni proprie

1. *La partenza* **del** *treno per Milano subirà un ritardo* **di*** *30 minuti.*
2. *Mia sorella mi ha regalato sei tazzine* **da** *caffè.*

L'uso delle preposizioni è molto complesso e vario, difficile da descrivere attraverso regole sicure.
Una forte variabilità è legata all'alternarsi di preposizione semplice/preposizione articolata.
Si usa in genere la preposizione semplice in quei casi (ad esempio con i nomi propri di persona) in cui non si usa l'articolo e la preposizione articolata nei casi in cui si usa l'articolo. Vi sono tuttavia alcune relazioni che vengono espresse di solito attraverso la preposizione **semplice** (**1***, **2**), ed altre attraverso la preposizione **articolata** (**1**), indipendentemente dalle regole d'uso dell'articolo.
Diamo qui di seguito, per ogni preposizione, una descrizione dei suoi valori di base, ricordando comunque che tutte le preposizioni proprie possono assumere molti significati e introdurre relazioni di vario tipo fra le parole o le proposizioni. Daremo inoltre degli esempi, fra quelli d'uso più comune, raggruppati in base alle relazioni, o complementi indiretti, che le preposizioni introducono.

La preposizione *di*

La preposizione ***di*** è quella di uso più comune. Indica genericamente un collegamento, una relazione fra due elementi della frase. Tale relazione varia con il variare del significato degli elementi che la compongono.
La preposizione *di* si usa soprattutto per indicare **specificazione, materia, argomento, tempo, qualità, quantità**.

La preposizione *a*

La preposizione ***a*** è di uso molto frequente. La sua funzione fondamentale è quella di indicare "direzione", ma, come la preposizione *di*, stabilisce anche un collegamento generico fra due elementi della frase e può assumere una vasta gamma di funzioni.
La preposizione *a* si usa soprattutto per indicare **termine, stato in un luogo, moto verso un luogo, tempo, modo, mezzo**.

La preposizione *da*

La preposizione ***da*** ha la funzione fondamentale di indicare "provenienza, distacco, allontanamento" .
La preposizione ***da*** si usa pertanto nei complementi di **origine, moto da un luogo**. Si usa anche per indicare **agente, stato in un luogo, moto verso un luogo, tempo, fine**.

La preposizione *in*

La preposizione ***in*** ha la funzione fondamentale di indicare "collocazione nello spazio o nel tempo".
La preposizione ***in*** si usa pertanto nei complementi **stato in un luogo, moto verso un luogo, tempo**. Si usa anche per indicare **modo, mezzo, fine**.

La preposizione *con*

La preposizione ***con*** ha la funzione fondamentale di indicare "unione, partecipazione".
La preposizione ***con*** si usa pertanto nei complementi di **compagnia e unione, mezzo**. Si usa anche per indicare **modo, qualità, causa**.

La preposizione *su*

La preposizione ***su*** ha la funzione fondamentale di indicare "collocazione nello spazio, e approssimazione".
La preposizione ***su*** si usa pertanto nei complementi di **stato in un luogo,**

moto verso un luogo, quantità (approssimata), tempo (approssimato). Si usa anche per indicare **argomento, modo**.

La preposizione *per*

La preposizione ***per*** ha la funzione fondamentale di indicare "passaggio attraverso qualcosa".
La preposizione ***per*** si usa pertanto nei complementi di **moto attraverso un luogo, causa, mezzo, fine**. Si usa anche per indicare **moto verso un luogo, modo, misura**.

Le preposizioni *fra* e *tra*

Le preposizioni *fra* e *tra* hanno la funzione fondamentale di indicare una posizione intermedia fra due elementi.
Si usano per indicare **stato in un luogo, moto verso un luogo, tempo, compagnia**.

Uso delle preposizioni proprie nei complementi indiretti

Complemento di specificazione

1. *Quel cane nero è* ***dei*** *ragazzi che abitano nella casa accanto.*
2. *Oggi ho conosciuto la ragazza* ***di*** *Niccolò.*

Il complemento di specificazione si esprime sempre con la preposizione ***di***, semplice o articolata, secondo le regole d'uso degli articoli.
Si usa sempre la preposizione semplice quando la specificazione riguarda il nome di qualcosa o la materia di cui è fatto qualcosa. *Quest'anno andremo al mare nel mese* ***di*** *luglio. / Le mie sorelle mi hanno regalato una camicetta* ***di*** *seta.*

Complemento di termine

1. *Abbiamo portato un bel dolce* ***alla*** *mamma di Davide.*
2. *Io voglio molto bene* ***a*** *mia sorella.*

Il complemento di termine si esprime sempre con la preposizione **a**, semplice o articolata, secondo le regole d'uso degli articoli.

Complemento di stato in un luogo

a – *Ieri sera abbiamo mangiato* ***al*** *ristorante.*
in – *Anna vive* ***nella*** *parte più vecchia della città.*

da – *Mamma, posso dormire* **dalla** *zia?*
su – *Mi prendi gli occhiali? Sono* **sul** *tavolo di cucina.*
di – *Accomodati, Luisa: sono* **di** *qua, in salotto.*
tra/fra – *La chiesa del Carmine si trova* **fra** *via dei Mantellini e via Bastianini.*

Per indicare un complemento di stato in luogo si usano diverse preposizioni e molte regole sono comuni con quelle del moto verso luogo (vedi sotto).

Complemento di moto verso un luogo

a – *Oggi i ragazzi sono andati* **al** *Museo Etrusco.*
in – *Quest'anno vorremmo fare un viaggio* **in** *Olanda.*
da – *Non sto bene, bisogna proprio che vada* **dal** *medico.*
per – *No, Luigi non c'è. È partito ieri* **per la** *montagna.*
su – *È una bellissima serata. Perché non andiamo* **sul** *terrazzo?*
di – *Sono quasi pronta. Vado un attimo* **di** *là a prendere la borsa ed esco.*

L'uso delle preposizioni, nelle relazioni che indicano **stato in luogo** e **moto verso un luogo**, è molto articolato e ricco di usi particolari.

- La preposizione *di* si usa solo con gli avverbi *qui, qua, lì, là*.
- Quando il luogo è una città si usa sempre la preposizione semplice *a: Il 2 luglio andremo* **a** *Siena.*
- Quando il luogo è una nazione o una regione si usa sempre la preposizione semplice *in: Mia figlia è andata* **in** *Francia.*
- Quando il luogo è una via o una piazza si usa in genere la preposizione semplice *in: Laura abita* **in** *via Buozzi.*
- Quando il luogo è un negozio si usa in genere la preposizione semplice *in: Devo andare* **in** *farmacia.* Quando il nome del negozio è seguito da qualche specificazione, si usa in genere la preposizione *a* articolata o anche la preposizione *in* articolata: *Ho comprato queste pillole* **alla** *farmacia dei Quattro Cantoni.*
- Quando lo stato o il moto si riferiscono a una persona, si usa sempre la preposizione *da*, semplice o articolata, secondo le regole d'uso dell'articolo: *Starò* **da** *Antonio due giorni.*
- Quando il complemento di moto verso un luogo è preceduto dal verbo *partire*, si usa sempre la preposizione *per*, con o senza articolo, secondo le regole d'uso degli articoli.

Ci sono molti luoghi, assai familiari e comuni, con i quali si usano le preposizioni *a* o *in*, semplici o articolate, senza nessuna regolarità: *Vado (sono)* **a** *letto /* **a** *casa /* **in** *cucina /* **in** *camera da letto /* **in** *salotto /* **in** *bagno /* **nel** *soggiorno /* **nello** *studio /* **a** *scuola /* **a** *lezione /* **all'***università /* **in** *biblioteca /* **in** *segreteria /* **in** *città /* **in** *campagna /* **in** *centro /* **in** *periferia /* **in** *villeggiatura /* **in** *vacanza /* **in** *montagna /* **al** *mare /* **al** *cinema /* **al** *bar /* **a** *teatro /* **in** *discoteca /* **in** *piscina /* **in** *palestra.*

Complemento di moto da un luogo

da – *Oggi i treni* **dalla** *Francia non sono arrivati, perché c'era uno sciopero.*
di – *Telefonami stasera, perché domattina uscirò* **di** *casa molto presto.*

Per indicare un complemento di moto da un luogo si usa soprattutto la preposizione *da*, semplice o articolata, secondo le regole d'uso degli articoli.

La preposizione *di* si usa solo in pochi casi particolari come *uscire* ***di*** *casa*, *uscire* ***di*** *scuola*, *uscire* ***di*** *chiesa*. In questi casi si usa anche la preposizione *da*, semplice, in *uscire* ***da*** *casa*, *uscire* ***da*** *scuola*, la preposizione *da*, articolata, in *uscire* ***dalla*** *chiesa*.

Complemento di moto attraverso un luogo

per – *Quest'anno il Giro d'Italia non passerà* **per** *Bologna.*
da – *Nelle ore di punta è meglio non passare* **dal** *centro.*
fra/tra – *Vicino alla mia casa c'è un bel ruscello che scorre* **fra le** *pietre.*
di – *Passiamo* **di** *qui: la strada è più bella.*

Per indicare un complemento di moto attraverso un luogo si usano soprattutto le preposizioni *per* e *da*, semplici o articolate, secondo le regole d'uso degli articoli. L'uso di *per* o di *da* è di solito indifferenziato.

Con casa e scuola si usa la preposizione semplice e, di preferenza, la preposizione *da*: *Devo passare* ***da*** *scuola a prendere un libro*.

Complemento di tempo

da – *Gli studenti sono arrivati a Perugia* **da** *un mese.*
fra/tra – *Giovanni e Claudio partiranno per Roma* **fra** *due giorni.*
in – *Credo che potrò finire il lavoro* **in** *tre settimane.*
in – *Dante nacque a Firenze* **nel** *1265.*
per – *Non ho dormito* **per** *tutta la notte.*
per – *La conferenza è fissata* **per il** *prossimo novembre.*
di – ***Di*** *lunedì i negozi sono chiusi.*
a – ***A*** *giugno ci saranno gli esami.*

- Per indicare una parte di tempo passato si usa in genere la preposizione *da*: *Lavoro a Milano* **da** *tre anni.*
- Per indicare una parte di tempo futuro si usa la preposizione *fra*: *Il bambino di Giovanna nascerà* **fra** *quattro mesi.*
- Quando la preposizione *per* indica una continuazione di tempo, può essere omessa: *Non ho dormito tutta la notte.*
- Con **i giorni della settimana** si usa la preposizione *di*, semplice, o si omette la preposizione: ***Di*** *lunedì i negozi sono chiusi / Il lunedì i negozi sono chiusi.*
- Con **i mesi** si può usare la preposizione *di*, o la preposizione *a*, o la preposi-

zione *in*, tutte semplici: ***Di*** *giugno ci saranno gli esami.* / ***A*** *giugno ci saranno gli esami* / ***In*** *giugno ci saranno gli esami.*

- Con **le date** si usa la preposizione *in*, articolata, se c'è solo l'indicazione dell'anno, si omette la preposizione o si usa la preposizione *di* se c'è l'indicazione del giorno e mese: *Benedetta è nata* ***nel*** *1972* / *Benedetta è nata il 15 gennaio 1972* / *Benedetta è nata il 15 gennaio* ***del*** *1972.*
- Con **le ore** si usa le preposizione *a*, articolata: *La lezione comincia* ***alle*** *9,15.* Con *mezzogiorno* e *mezzanotte* si usa la preposizione semplice: *La lezione finisce* ***a*** *mezzogiorno.*

Complemento di mezzo

con – *Anna è andata a Friburgo* ***con il*** *treno.*
a – *Ho una macchina* ***a*** *gasolio da molti anni e mi trovo molto bene.*
in – *Paghi* ***in*** *contanti o hai la carta di credito?*
per – *Se domani non ci vedremo, ci metteremo d'accordo* ***per*** *telefono.*
di – *Le acciughe marinate devono stare almeno due giorni ricoperte* ***di*** *limone.*

Per indicare un complemento di mezzo si usa soprattutto la preposizione *con*, semplice o articolata, secondo le regole d'uso degli articoli. Spesso, ma non sempre, la preposizione *con* può sostituire le altre preposizioni: *Paghi* ***con*** *i contanti o hai la carta di credito?* / *Le acciughe marinate devono stare almeno due giorni ricoperte* ***con il*** *limone.*

- Le preposizioni *a, in, per, di,* nel complemento di mezzo, sono sempre semplici.
- Si usa in genere la preposizione *a* quando si tratta di un mezzo che serve al funzionamento di qualcosa: *macchina* ***a*** *gasolio* / *barca* ***a*** *vela* / *treno* ***a*** *vapore*, ecc.
- Si usa in genere la preposizione *per* quando si tratta di un mezzo attraverso il quale passa qualcosa (ad esempio la comunicazione): *inviare un messaggio* ***per*** *posta* / ***per*** *telefono* / ***per*** *fax*, ecc.

Si dice: *andare* ***in*** *treno* / ***con il*** *treno; andare* ***in*** *aereo* / ***con l'****aereo; andare* ***in*** *macchina* / ***con la*** *macchina; andare* ***a*** *piedi.*

Complemento di causa

per – *Carlo è molto contento* ***per i*** *risultati del concorso.*
di – *Vado a letto, perché sto morendo* ***di*** *sonno.*
da – *Questa notte,* ***dalla*** *tosse che avevo, non ho mai dormito.*
con – *Oggi,* ***con*** *questo caldo, non riesco a lavorare.*

Per indicare un complemento di causa si usa soprattutto la preposizione *per*, semplice o articolata, secondo le regole d'uso degli articoli. La preposizione *per* può in genere sostituire le altre preposizioni: *Vado a letto, perché sto morendo*

***per il** sonno. / Questa notte, **per la** tosse che avevo, non ho mai dormito. / Oggi, **per** questo caldo, non riesco a lavorare.*

- Quando il complemento di causa segue un verbo che indica una sensazione o un sentimento si usa in genere la preposizione *di*, semplice o la preposizione *da*, articolata: *morire **di** fame / **dalla** fame; piangere **di** gioia / **dalla** gioia; impazzire **di** dolore / **dal** dolore*, ecc.
- Quando il complemento di causa segue un aggettivo che indica una sensazione o un sentimento, la preposizione *per* può essere sostituita dalla preposizione *di*, semplice o articolata secondo le regole d'uso degli articoli: *Luca è molto contento **dei** risultati del concorso. / Carlo è molto soddisfatto **di** suo figlio.*

Complemento di modo

con – *Vorrei che tu chiedessi le cose **con** più gentilezza.*
a – *Dovete imparare **a** memoria almeno i verbi più comuni.*
in – *Per le vacanze non abbiamo deciso: siamo **in** dubbio fra la Spagna e il Portogallo.*
di – *Appena hanno saputo la bella notizia, i ragazzi sono arrivati **di** corsa.*
su – *Per la sua casa Teresa ha dovuto ordinare tutti i mobili **su** misura.*

Le preposizioni *con, in, di, su,* nel complemento di modo sono in genere semplici.

- I complementi di modo espressi con la preposizione *con* spesso si possono sostituire con un avverbio di modo: *Vorrei che tu chiedessi le cose più **gentilmente**.*
- La preposizione *a*, articolata, si usa in molte espressioni che indicano un modo di cucinare i cibi: *uova **al** tegamino, riso **al** latte, bistecca **ai** ferri, gelato **al** limone*, ecc.
- La preposizione *in*, semplice, si usa in molte espressioni che indicano un modo di vestire: *essere **in** pigiama, **in** vestaglia, **in** tuta, **in** minigonna*, ecc. Si usa anche in alcune espressioni che indicano un modo di cucinare i cibi: *pasta **in** bianco, carne **in** umido, riso **in** brodo*, ecc.

Complemento di compagnia e unione

con – *Rimani a cena? Ho preparato il pollo arrosto **con le** patate.*
con – *Domani vado al cinema **insieme con i** miei amici.*
fra – *Mi piace molto stare **fra i** giovani.*

Per indicare un complemento di compagnia o di unione si usa soprattutto la preposizione *con*, semplice o articolata, secondo le regole d'uso degli articoli. La preposizione *con* viene spesso rinforzata da *insieme* o sostituita dalla locuzione *insieme a*: *Domani vado al cinema **insieme ai** miei amici.*

Complemento di argomento

di – *Potresti prestarmi il libro* ***di*** *economia d'azienda?*
su – *Alla televisione hanno fatto una bella trasmissione* ***sui*** *50 anni della Repubblica.*

Per indicare un complemento di argomento si usa soprattutto la preposizione *di*. La preposizione *di* è semplice quando il complemento di argomento segue un nome, può essere semplice o articolata quando il complemento di argomento segue un verbo. *Quando esco con Gianni parliamo sempre* ***di*** *politica, con Vittorio invece parliamo* ***dell'****università*. Si usa spesso anche la preposizione *su*, semplice o articolata, secondo le regole d'uso degli articoli.

Complemento di quantità, misura

da – *Compra due bottiglie di latte* ***da*** *un litro e due pacchi di spaghetti* ***da*** *mezzo chilo.*
di – *Lucia ha un appartamento* ***di*** *poche stanze, ma molto funzionale.*
su – *Per farti una camicetta ti ci vorranno* ***sui*** *due metri di stoffa.*

Per indicare un complemento di quantità, misura, si usa più spesso la preposizione *da*, semplice. La preposizione *di*, semplice, è tuttavia quasi sempre usata in espressioni del tipo *un muro* ***di*** *dieci metri, un grattacielo* ***di*** *settanta piani, un libro* ***di*** *trecento pagine*, ecc.

– La preposizione *su*, articolata, si usa quando si intende che la misura è approssimativa: *Per farti una camicetta ti ci vorranno* ***sui*** *due metri di stoffa* = *Per farti una camicetta ti ci vorranno circa due metri di stoffa.*

Complemento di qualità

con – *A Paolo sono sempre piaciute le ragazze* ***con*** *gli occhi azzurri.*
da – *Eugenio è una persona un po' brusca, ma* ***dal*** *cuore d'oro.*
di – *Oggi ci sono degli orologi* ***di*** *grande precisione.*
a – *Da quando ho un lavoro* ***a*** *tempo pieno, non riesco più a vedere gli amici.*

Per indicare il complemento di qualità si usa soprattutto la preposizione *con*, articolata, che spesso può sostituire la preposizione *da*: *Eugenio è una persona un po' brusca, ma* ***con il*** *cuore d'oro.*

– Si usa la preposizione *di* soprattutto quando nella qualità è compreso un significato di valore o di misura: *un quadro* ***di*** *grande valore, una donna* ***di*** *bassa statura, un bambino* ***di*** *grande intelligenza*, ecc.
– Si usa la preposizione *a* in espressioni del tipo *gonna* ***a*** *pieghe, camicia* ***a*** *quadretti, stoffa* ***a*** *righe*, ecc.

Complemento di paragone

di – *I miei figli sono più grandi* ***di*** *tuo figlio.*

Per indicare il complemento di paragone, si usa sempre la preposizione *di*, semplice o articolata, secondo le regole d'uso degli articoli.

Complemento di fine o scopo

per – *Chiara viaggia molto* ***per*** *lavoro.*
da – *Devo comprare un po' di biancheria* ***da*** *cucina.*
a – *A Cristiano piace molto andare* ***a*** *pesca.*
in – *Vado in biblioteca: voglio prendere dei libri* ***in*** *prestito.*

Per indicare il complemento di fine o scopo si usa soprattutto la preposizione *per*, di solito articolata, ma talvolta semplice, specialmente in espressioni di tipo generico. La preposizione *per* può in genere sostituire la preposizione *da*: *Devo comprare un po' di biancheria* ***per la*** *cucina.*

- La preposizione *da* è sempre semplice: *abito* ***da*** *sera, scarponi* ***da*** *sci, tazza* ***da*** *tè*, ecc.
- La preposizione *in* è sempre semplice e si usa in espressioni come ***in*** *prestito,* ***in*** *omaggio,* ***in*** *premio,* ***in*** *affitto,* ***in*** *vendita*, ecc.

Complemento di agente

da – *No, ieri sera non ero in casa: ero stata invitata a cena* ***dai*** *miei cugini.*

Per indicare il complemento di agente si usa sempre la preposizione *da*, semplice o articolata, secondo le regole d'uso degli articoli. Il complemento di agente è l'elemento della frase passiva che indica chi compie l'azione ➔.

Complemento di origine e provenienza

da – *Ho saputo* ***dalla*** *televisione che domani ci sarà uno sciopero dei treni.*
di – *Antonio vive a Firenze, ma è* ***di*** *Sassari.*

Per indicare il complemento di origine e provenienza si usa soprattutto la preposizione *da*, semplice o articolata, secondo le regole d'uso degli articoli.

- Si usa la preposizione *di* per indicare il luogo di origine, di nascita di una persona.

La preposizione *di* è semplice con i nomi di città, è articolata con i nomi di nazione e di regione: *Si sente bene che Paola è del Veneto*.

Uso delle preposizioni proprie nelle frasi implicite

Alcune preposizioni proprie sono molto usate per mettere in relazione due frasi. Introducono una frase (o proposizione) subordinata di forma implicita ➔, con il verbo all'infinito. Quando le preposizioni introducono una frase **sono sempre semplici**.
Diamo degli esempi, fra quelli d'uso più comune, raggruppati in base al tipo di proposizione subordinata ➔ che le preposizioni introducono.

Proposizione soggettiva e oggettiva

di – *Ciao Carlo, spero* **di** *non averti disturbato.*

Proposizione causale

di – *Mi dispiace molto* **di** *non poterti aiutare.*
a – *Carlotta è stata sciocca* **a** *non seguire i consigli del medico.*
per – *I ragazzi hanno ricevuto un premio* **per** *aver avuto buoni voti in pagella.*

Proposizione finale

di – *Si pregano i signori viaggiatori* **di** *allacciare la cintura e* **di** *non fumare.*
a – *Andiamo* **a** *fare una giratina in città?*
da – *Io non prendo il caffè, preferisco qualcosa* **da** *bere.*
per – *D'accordo, ci sentiamo domani* **per** *stabilire la data della partenza.*

Proposizione consecutiva

di – *No, non è un film divertente, ma è un film che merita* **di** *essere visto.*
da – *Benedetta si è laureata ed è felice* **da** *impazzire.*
per – *No, Lorenzo! Sei ancora troppo piccolo* **per** *andare in discoteca.*

Proposizione condizionale

a – ***A*** *sentire lui, dice che aveva studiato moltissimo, ma l'esame è andato male.*

11 Gli aggettivi qualificativi

1. *Domenica* ***scorsa*** *siamo stati al lago ed abbiamo passato una giornata* ***piacevole***.
2. *I cani di Paola sono* ***bianchi***.
3. *Oggi c'è sciopero: i* ***quotidiani*** *non escono.*

Gli aggettivi qualificativi indicano una particolare qualità o caratteristica di persone, animali, cose (**1**, **2**, **3**).
Come tutti gli altri tipi di aggettivi (numerali, possessivi, dimostrativi, ecc.) sono parole, variabili nel genere e nel numero, che si riferiscono ad un nome. Si possono usare gli aggettivi con due funzioni fondamentali.

- Una funzione di **attributo** (**1**): l'aggettivo fa parte del gruppo del nome e c'è un collegamento diretto fra aggettivo e nome.
- Una funzione di **predicato** (**2**): l'aggettivo fa parte del gruppo del verbo ed è collegato al nome per mezzo di un verbo, che nella maggioranza dei casi è il verbo *essere*.

Gli aggettivi qualificativi sono molto numerosi e molto vari. Come il nome, il verbo e l'avverbio, sono una classe aperta di parole, cioè si rinnovano e aumentano in continuazione.
Quasi tutti gli aggettivi qualificativi possono avere la funzione di nome: in questo caso sono uniti ad un articolo, un numerale, ecc. (**3**).

Genere e numero degli aggettivi qualificativi

1. *Maria è una* ***bella*** *ragazza,* ***vivace*** *e* ***generosa***, *suo fratello invece è un po'* ***egoista***.

La flessione degli aggettivi, per quanto riguarda il genere e il numero, è simile a quella dei nomi ➔ (**1**).

● L'aggettivo ***bello***, quando sta davanti al nome, cambia la propria forma secondo le stesse regole dell'articolo determinativo e dell'aggettivo dimostrativo *quello* ➔: *Nell'Ottocento facevano dei* ***bei*** *mobili, mentre quelli di oggi non sono affatto* ***belli****. / Giorgio è un* ***bell'****uomo: è alto, elegante e ha dei* ***begli*** *occhi.*

● L'aggettivo ***grande*** può avere, al singolare, la forma tronca ***gran*** quando si trova davanti a nomi femminili che cominciano per una qualsiasi consonante o a nomi maschili che cominciano per una consonante diversa da *z*, *s*+consonante, *gn*: *Maria Callas era una* ***gran*** *donna e una* ***grande*** *cantante. In questa stanza c'è un* ***gran*** *freddo.*

● L'aggettivo ***buono*** ha di solito, al singolare, la forma tronca ***buon*** davanti a tutti i nomi maschili: *Questa lavatrice ha un* ***buon*** *prezzo.*

● L'aggettivo ***santo*** ha, al singolare, la forma tronca ***san*** davanti ai nomi maschili che cominciano per una consonante diversa da *s*+consonante, ha la forma ***sant'*** davanti ai nomi, maschili e femminili, che cominciano per vocale: *A Padova c'è una grande chiesa dedicata a* ***Sant'****Antonio. / Ad Assisi, nella basilica di* ***San*** *Francesco, ci sono degli affreschi di Giotto.*

● Gli aggettivi **composti**, che sono formati dall'unione di due aggettivi come *grigioverde, sordomuto, italo-americano,* ecc., cambiano al femminile e al plurale solo il secondo elemento, anche se i due elementi non sono fusi in un'unica parola grafica, ma sono divisi da un trattino: *Oggi molte persone* ***sordomute*** *raggiungono buoni risultati nell'uso del linguaggio parlato.*

● Ci sono degli aggettivi **invariabili**, che non cambiano la forma sia nel maschile/femminile, sia nel singolare/plurale, fra i quali ricordiamo:

- *arrosto: Ho preparato della carne* ***arrosto.***
- *pari, dispari, impari: La Commissione per le* ***pari*** *opportunità ha detto di non usare nomi maschili per le donne.*
- alcuni aggettivi che indicano il colore come *viola, rosa, marrone,* ecc.: *Per la festa di domani mi metterò un abito* ***rosa****.*
- gli aggettivi usati in coppia con un altro aggettivo o con un nome per indicare gradazioni di colore come *azzurro pallido, verde bottiglia, verde salvia,* ecc.: *No, questi non mi piacciono, sono* ***verde salvia****. Io volevo dei pantaloni* ***verde bottiglia.***
- alcune locuzioni avverbiali ➔ usate come aggettivi come *perbene, dappoco,* ecc.: *I Landi sono persone* ***perbene****.*

– gli aggettivi formati con *anti*+nome come *antinebbia, antifurto*, ecc.: *I fari **antinebbia** sono molto utili.*

È importante ricordare che la flessione dell'aggettivo è del tutto autonoma rispetto a quella del nome a cui si riferisce. Aggettivi che hanno il maschile singolare in *-o*, ad esempio, si possono riferire a nomi che hanno il maschile singolare in *-e* e viceversa. *Luigi è un **bravo** insegnante ed è una persona **gentile**.*

Genere e numero degli aggettivi qualificativi

Genere	Singolare		Plurale	
maschile	**-o**	*bello*	**-i**	*belli*
femminile	**-a**	*bella*	**-e**	*belle*
maschile	**-e**	*felice*	**-i**	*felici*
femminile	**-e**	*felice*	**-i**	*felici*
maschile	**-a**	*entusiasta*	**-i**	*entusiasti*
femminile	**-a**	*entusiasta*	**-e**	*entusiaste*

Accordo degli aggettivi qualificativi

1. *Daniela mi piace molto. È una donna **simpatica e intelligente**.*

Gli aggettivi concordano nel numero e nel genere con il nome a cui si riferiscono (**1**).

• Quando un aggettivo si riferisce a più nomi dello stesso genere, esso prende il numero plurale e concorda con il genere dei nomi: *Hai preparato proprio un'ottima cena. La pasta e la carne erano **squisite**.*

• Quando un aggettivo si riferisce a più nomi di genere diverso, esso prende generalmente il numero plurale e il genere maschile: *Spesso i giovani dimostrano un coraggio e una volontà **straordinari**.* Può prendere il genere femminile quando il nome ad esso più vicino è di genere femminile: *Nei giardini della villa Borromeo ci sono dei fiori e delle piante **splendide**.*

Posizione degli aggettivi qualificativi

1. *Ieri sono uscita per la prima volta con la mia macchina **nuova**.*
2. *Oggi ho voglia di uscire. Andrò a fare un giro con la mia **nuova** macchina.*

• Quando gli aggettivi hanno funzione di attributo possono essere messi immediatamente prima o immediatamente dopo il nome. La loro posizione più comune è tuttavia dopo il nome.
- Gli aggettivi messi **dopo il nome** hanno di solito un valore **distintivo**, attribuiscono cioè al nome una qualità che lo distingue (**1**).
- Gli aggettivi messi **prima del nome** hanno invece spesso un valore **descrittivo**, attribuiscono cioè al nome una qualità generica (**2**).

• Quando gli aggettivi qualificativi che si riferiscono al nome sono più di uno, si mettono di solito tutti dopo il nome, ma si possono mettere anche tutti prima: *È stata una conferenza* ***lunga*** *e* ***noiosa****. / Grazie per il* ***gradito*** *e* ***bel*** *regalo!*
Solo quando si tratta di un aggettivo generico e uno specifico, in genere si mette prima del nome quello generico e dopo il nome quello specifico: *La zuppa di fagioli è un* ***tipico*** *piatto* ***toscano***.

• Ci sono alcuni tipi di aggettivi qualificativi che, per il loro significato, si usano quasi esclusivamente **dopo il nome**. Sono i seguenti.
- Gli aggettivi che esprimono nazionalità o appartenenza a categorie, gruppi, ecc.: *Negli ultimi venti anni l'altezza media dei giovani* ***italiani*** *è aumentata di alcuni centimetri.*
- Gli aggettivi che indicano colore, forma e materia: *Quest'anno voglio mettere sul terrazzo tanti gerani* ***rossi.***
- Gli aggettivi che sono forme dei participi presenti o passati: *L'uovo è un alimento* ***nutriente***.
- Gli aggettivi alterati o preceduti da un avverbio: *Mi piace De Gregori perché fa una musica molto* ***dolce***.

Ci sono alcuni aggettivi che assumono un significato o una sfumatura di significato diversi, se messi prima o dopo il nome. Fra questi ricordiamo i più comuni: *un uomo* ***gentile*** = un uomo cortese; *un* ***gentil*** *uomo* = un uomo nobile; *una donna* ***povera*** = una donna che ha pochi soldi; *una* ***povera*** *donna* = una donna sfortunata; *un nome* ***proprio*** = un nome diverso da quello comune; *il* ***proprio*** *nome* = il mio, il tuo, il suo nome; *una* ***brava*** *persona* = una persona onesta e corretta; *una persona* ***brava*** = una persona abile, capace.

Gradi dell'aggettivo qualificativo

1. *Marco forse è* ***più intelligente*** *di Andrea, ma è certamente* ***meno studioso***.
2. *Questa lavatrice è molto buona. Peccato che sia* ***la più cara*** *di tutte.*
3. *Complimenti Teresa, hai una casa* ***grandissima*** *e* ***bellissima****!*

Gli aggettivi qualificativi (come molti avverbi ⇒), oltre alla qualità, possono esprimere anche la misura o **grado** con il quale la qualità è posseduta da una persona, animale o cosa.
Si può variare il grado di un aggettivo qualificativo in due modi.
- Con il grado **comparativo**: l'aggettivo esprime la qualità facendo un paragone con altre persone o altre cose (**1**).
- Con il grado **superlativo**: l'aggettivo esprime la qualità al massimo livello. Il grado superlativo viene detto **relativo** quando esprime il grado massimo o minimo di una qualità in relazione a un gruppo di persone o cose (**2**). Il grado superlativo viene detto **assoluto** quando indica la qualità al massimo, senza relazione con altro (**3**).

Grado comparativo

Il grado comparativo può esprimere un paragone fra due animali, persone o cose rispetto a una stessa qualità: *Marco è* ***più intelligente*** *di Andrea;* oppure può esprimere un paragone fra due qualità riferite alla stessa persona, animale o cosa: *Marco è* ***più intelligente*** *che studioso.*
Il grado comparativo può esprimere un rapporto di **maggioranza**, di **minoranza** o di **uguaglianza**.

- Nel comparativo di **maggioranza** si mette sempre davanti all'aggettivo (che è il primo termine di paragone) l'avverbio *più* e si mette la preposizione *di* davanti al secondo termine di paragone, se questo è un nome, un pronome o un avverbio: *In cucina, mia figlia è* ***più brava di*** *me.* Si mette la congiunzione *che* davanti al secondo termine di paragone, quando si fa un paragone fra due aggettivi, due verbi o due avverbi: *Certamente è* ***più facile*** *dire di sì* ***che*** *dire di no.*

- Nel comparativo di **minoranza** si seguono le stesse regole di quello di maggioranza, ma si sostituisce, ovviamente, l'avverbio *più* con l'avverbio *meno: La vite è una pianta* ***meno resistente dell'****olivo.*

- Nel comparativo di **uguaglianza** il primo termine di paragone si usa, di preferenza, da solo, o si mette davanti ad esso l'avverbio *tanto* o l'avverbio *così*. Davanti al secondo termine di paragone si mettono sempre l'avverbio *come* o l'avverbio *quanto*: *In disegno Arturo non è* ***bravo come*** *Emanuele. / Mi piace quest'auto perché è* ***tanto bella quanto*** *economica.*

Grado superlativo

• Nel superlativo **relativo** si mette davanti agli avverbi *più* o *meno* (o, se è possibile, davanti al nome al quale si riferiscono) l'articolo determinativo e davanti al termine di confronto la preposizione *di* o la preposizione *fra/tra*: *Il Cervino è* **la** *montagna* **più bella delle** *Alpi. / Stefano è* **il meno bravo fra** *tutti i miei colleghi.*

• Il grado superlativo **assoluto** si può esprimere nei seguenti modi.
- Si può aggiungere all'aggettivo il suffisso *-issimo*: *Oggi sono* **felicissima**! *Ho finalmente superato l'esame di economia di azienda.*
- Si può mettere davanti all'aggettivo un avverbio di quantità come *molto, assai,* ecc. o un avverbio di modo come *notevolmente, particolarmente, straordinariamente,* ecc. o un avverbio come *proprio* e *davvero*: *La lezione di ieri ci è sembrata* **particolarmente interessante**. / *Questo romanzo è* **proprio divertente**.
- Si può mettere dopo, o anche davanti, all'aggettivo una delle due locuzioni *sul serio* e *per davvero*: *Carlo aveva ragione, il compito era* **difficile per davvero**.
- Si può ripetere l'aggettivo: *Ecco, Maria, stai qui* **buona buona**. *La mamma torna subito.*

Ci sono molte espressioni in cui un aggettivo, unito ad un altro aggettivo o a particolari locuzioni, acquista valore superlativo. Si tratta per lo più di sequenze fisse di parole (polirematiche), modi di dire ➔, che vanno usati solo se si conoscono bene. Ricordiamo fra le più comuni: stanco morto, pieno zeppo, innamorato cotto, buono come il pane, furbo come una volpe, grasso come un maiale, ecc.

• Gli aggettivi qualificativi ***buono, cattivo, grande, piccolo***, oltre ad avere le normali forme di comparativo e superlativo, hanno anche **forme speciali** che non derivano dall'aggettivo di base, ma dal latino. Nell'uso le due forme sono equivalenti: *Gregorio è* **il più grande** *dei miei nipoti, Claudio invece è* **il minore**.

Aggettivo	Comparativo di maggioranza	Superlativo relativo	Superlativo assoluto
buono	*più buono/migliore*	*il più buono/il migliore*	*buonissimo/ottimo*
cattivo	*più cattivo/peggiore*	*il più cattivo/il peggiore*	*cattivissimo/pessimo*
grande	*più grande/maggiore*	*il più grande/il maggiore*	*grandissimo/massimo*
piccolo	*più piccolo/minore*	*il più piccolo/il minore*	*piccolissimo/minimo*

12 Gli avverbi

1. *Se volete prendere il treno, dovete andarvene* **velocemente**.
2. *Maria è una bambina* **molto** *buona.*
3. *Ti sei comportato* **troppo*** **stupidamente**.
4. **Certo**. **Domani*** *potremmo andare a vedere la mostra di Modigliani.*
5. *La* **quasi** *totalità degli operai metalmeccanici ha fatto sciopero.*

Gli avverbi modificano o specificano in un certo modo il significato della frase. Gli avverbi sono parole **invariabili**, cioè non si accordano per genere e numero con le altre parole della frase.
Gli avverbi possono trasmettere informazioni molto diverse: ci sono infatti avverbi di **modo** (o avverbi qualificativi) (**1**, **3**), avverbi di **tempo** (**4***), avverbi di **luogo**, avverbi di **quantità** (**2**, **3***, **5**), avverbi di **affermazione** e **negazione** (**4**), avverbi **interrogativi**.
Gli avverbi possono riferirsi ad un **verbo** (**1**, **4***), ad un **aggettivo** (**2**) , ad un altro **avverbio** (**3**), ad un **intera frase** (**4**), ad un **nome** (**5**).

Formazione degli avverbi

Per quanto riguarda la formazione, nella vasta categoria degli avverbi possiamo distinguere quattro gruppi.

- Gli avverbi **semplici**: sono formati da una sola parola, che non è né derivata né composta da altre, come ad esempio *bene, male, sempre, mai, poco, meno, qui,* ecc.

- Gli avverbi **composti**: sono formati da due o più elementi diversi fusi in una sola parola, come ad esempio *soprattutto, talvolta, talora,* ecc. Alcuni di questi avverbi si possono scrivere come una sola parola o come più parole grafiche staccate, come ad esempio *perlopiù / per lo più, oltremodo / oltre modo,* ecc.

• Gli avverbi **derivati**: si formano da un'altra parola alla quale si aggiunge un suffisso. La derivazione più importante è quella che si fa dall'aggettivo al quale si aggiunge ***-mente***. Quando si tratta di aggettivi che hanno forme diverse per il maschile e femminile, la formazione dell'avverbio avviene dalla forma femminile, come ad esempio da *lento* deriva *lenta-mente*. Quando si tratta di aggettivi che hanno un'unica forma in *e* questi mantengono la stessa forma, come ad esempio da *forte* deriva *forte-mente*.

Il significato dell'avverbio in -**mente** non è sempre uguale all'aggettivo da cui deriva. **Finalmente**, ad esempio, non significa *in modo finale*, ma *alla fine*: *Sono contenta perché* ***finalmente*** *sono riuscita a capire questo problema*. E **solamente** non significa *in modo solo*, ma, come l'avverbio *soltanto*, ha valore limitativo: *In questo libro c'è* ***solamente*** *la copertina che non mi piace*.

• Le **locuzioni avverbiali** sono unità formate da due o più parole disposte in un ordine fisso, che hanno lo stesso valore degli avverbi. Le locuzioni avverbiali sono numerosissime e molto usate nella lingua parlata, spesso con variazioni regionali.
Ci sono locuzioni avverbiali di tutti i tipi. Ricordiamo fra le tante: *alla svelta, sul serio, da vicino, da queste parti, d'ora in avanti, fra poco, di più, all'incirca, senza dubbio, nemmeno per idea, quasi quasi*, ecc.

Nell'uso delle locuzioni avverbiali bisogna fare molta attenzione perché la loro scelta e pertinenza è legata al contesto e al registro. La locuzione ***alla lettera***, ad esempio, ha anche il corrispondente avverbio ***letteralmente***, ma mentre possiamo dire indifferentemente: *Ragazzi, dovete tradurre* ***alla lettera*** oppure *Ragazzi, dovete tradurre* ***letteralmente***, possiamo dire solo *A quest'ora moriamo* ***letteralmente*** *di fame* (e non *A quest'ora moriamo alla lettera di fame*).

Posizione degli avverbi

• Quando un avverbio si riferisce al verbo, l'avverbio sta di solito dietro al verbo: *Ho fatto* **tardi** *e la segreteria dell'Università era già chiusa*. Ma può anche avere una posizione libera: ***Domani***, *se è una bella giornata, voglio andare nel bosco*.

• Quando il verbo ha forma composta, molti avverbi si possono anche mettere fra l'ausiliare e il participio: *Veramente non ho* **ben** *capito*.

• Quando un avverbio si riferisce ad un aggettivo, l'avverbio sta davanti all'aggettivo: *Questo cane è bello e* **molto** *buono*.

• Quando un avverbio si riferisce ad un altro avverbio, quello di quantità sta davanti agli altri: *La mattina di solito mi alzo* ***molto presto***.

• L'avverbio di negazione ***non*** sta sempre davanti al verbo: *Vorrei che tu* ***non*** *dimenticassi* ***mai*** *quello che ti ho detto.*

• Gli avverbi interrogativi introducono una frase interrogativa diretta ⇒ e stanno di solito davanti al verbo: ***Quanto*** *costano queste banane?*

Tipi di avverbi

Avverbi qualificativi

1. *Oggi è proprio una bella giornata. Si sta* ***magnificamente****!*
2. *Bisogna cercare di fare* ***bene*** *anche ciò che non si fa* ***volentieri***.

Gli avverbi **qualificativi** indicano come si svolge un'azione e per questo si chiamano anche *avverbi di modo*. Si usano come avverbi di modo:
- gli avverbi in *-mente* (**1**).

  Tra gli avverbi in -**mente** è comunissimo, nel parlato, l'uso di *praticamente* nel senso di *in sostanza*, *di fatto*: *Il lavoro è* ***praticamente*** *finito: mancano solo piccole rifiniture*.
- alcuni avverbi semplici (**2**).
- alcuni aggettivi qualificativi maschili singolari trattati come avverbi: *Se vuoi che capisca, devi parlare* ***chiaro***.
- alcune locuzioni avverbiali: *Sono un tipo solitario. Mi piace stare* ***in solitudine***.

Alcuni aggettivi qualificativi usati come avverbi formano con il verbo delle espressioni fisse (o cristallizzate) di uso comune, che stanno aumentando nella lingua di oggi soprattutto per l'influenza della pubblicità. Ricordiamo: *parlare chiaro*, *vedere chiaro*, *andare forte*, *andare piano*, *lavorare sodo*, *vestire pesante*, *tenere duro*.

Sono locuzioni avverbiali qualificative particolari, ma di uso comunissimo, quelle formate con la preposizione articolata ***alla*** seguita da un aggettivo femminile: si tratta di una espressione ellittica in cui viene sottintesa la parola *maniera* o *moda*: *Mi pare che questo modo di insegnare sia molto* ***all'antica***. / *Molti sostengono che sia migliore una repubblica presidenziale* ***alla francese***.

Per indicare piatti e ricette di cucina la preposizione ***alla***, oltre che ad aggettivi femminili (*bistecca* ***alla*** *fiorentina*), viene unita anche a nomi propri (*bistecca* ***alla*** *Rossini*) e a nomi comuni al femminile (*penne* ***alla*** *boscaiola*).

Avverbi di tempo

1. *Non andiamo* ***mai*** *a mangiare alla mensa.* **Talvolta** *mangiamo al ristorante e molto* ***spesso*** *a casa.*
2. ***Di giorno in giorno*** *imparo un po' meglio l'italiano.*

Gli avverbi di **tempo** indicano il tempo nel quale si svolge un'azione (**1**, **2**).

• Tra gli avverbi semplici ricordiamo i più comuni: *ora, adesso, allora, ormai, subito, prima, dopo, sempre, spesso, mai, talvolta, già, presto, tardi, ieri, oggi, domani,* ecc.

• Gli avverbi che indicano la successione dei giorni e le parti di una giornata sono i seguenti: *l'altro ieri, ieri, oggi, domani, dopodomani.*

Ieri	Oggi	Domani
ieri mattina	*questa mattina/stamattina*	*domani mattina/domattina*
ieri pomeriggio	*questo pomeriggio*	*domani pomeriggio*
ieri sera	*questa sera/stasera*	*domani sera*
ieri notte	*questa notte/stanotte*	*domani notte*

• Per indicare una o più unità di tempo precedenti rispetto a quella attuale si può sempre usare la locuzione con ***fa***: ***Tre anni fa*** *sono stato in America.* Quando tuttavia si tratta di un riferimento generico a settimana, mese, anno si possono unire ai sostantivi che indicano l'unità di tempo gli aggettivi ***scorso*** e ***passato***. ***L'anno passato*** *c'è stata una bellissima primavera. / I* ***giorni scorsi*** *ho lavorato molto.*

• Per indicare una o più unità di tempo successive rispetto a quella attuale si può sempre usare la locuzione con ***fra***: ***Fra tre anni*** *spero di aver finito di studiare.* Quando tuttavia si tratta di un riferimento generico a settimana, mese, anno si può unire ai sostantivi che indicano l'unità di tempo l'aggettivo ***prossimo***: *Il corso di traduzione comincia* ***il mese prossimo***.

• L'avverbio **ancora** esprime la continuità di un'azione: *Ieri, alle sette di sera, ero* ***ancora*** *all'Università.* Ma ha anche altri usi.
- Si usa nel senso di *di nuovo: È necessario che rivediamo* ***ancora*** *questo compito.*
- Si usa molto nelle frasi interrogative per esprimere meraviglia verso il prolungarsi di un'azione, di un fatto: *Ma è possibile che tu non abbia* ***ancora*** *capito?*

– Si usa come avverbio di quantità per rafforzare un altro avverbio: *Devi riuscire a parlare l'italiano* ***ancora*** *meglio.*

- L'avverbio ***già*** indica che un'azione è compiuta: *Benedetta, sbrigati ad uscire. Sono* ***già*** *le sette*. Ma si usa anche al posto del *sì: Perché sei ancora qui? Non avevi un appuntamento alle sei? -* ***Già****, è vero.*

- L'avverbio ***mai*** indica un fatto che non si svolge in nessun tempo e si usa spesso in frasi negative: *No, Mario non è* ***mai*** *stato presidente della S.I.M.A.C.*

Mai ha anche altri usi.
– Si usa al posto del *no,* come negazione assoluta: *Perché non vieni a Firenze? Io?* ***Mai.***
– Si usa nelle frasi interrogative con il significato di *qualche volta: Hai* ***mai*** *lavorato con Nicola?*
– Si usa nelle frasi esclamative come rafforzativo: *Non capisco perché ti preoccupi tanto per la scuola di tuo figlio. Ma che sarà* ***mai****!*

L'espressione ***come mai*** ha il significato di *perché. Non so* ***come mai*** *Antonella ha smesso di frequentare l'Università.*

- L'avverbio ***ora,*** che è sinonimo di ***adesso,*** indica un'azione che si svolge nel tempo presente: ***Ora*** *non posso uscire, sto preparando una torta.* Ma si usa anche per indicare un fatto passato da poco o che sta per verificarsi: *No, Monica non c'è. È uscita proprio* ***ora****. /* ***Ora*** *dovete stare bene attenti, perché vi spiegherò l'uso dei tempi passati.*

- Si usano come avverbi di tempo anche alcune locuzioni avverbiali fra cui ricordiamo: *sul presto, sul tardi, per tempo, in tempo, nel frattempo, prima o poi, in un batter d'occhio, di giorno in giorno,* ecc.

- La locuzione ***in tempo*** è molto usata con i verbi *fare* e *essere* nel senso di *avere ancora il tempo / riuscire a fare qualcosa: Se ti sbrighi, sei ancora* ***in tempo*** *a prendere il treno.*

Avverbi di luogo

1. *Dov'è il dizionario? - È* ***qui****.*
2. *Passiamo* ***per di qua****, mi hanno detto che la strada è più breve.*

Gli avverbi di **luogo** indicano il luogo in cui si svolge un'azione o dove si trova qualcosa o qualcuno (**1**, **2**).

• Tra i più comuni avverbi di luogo ricordiamo *vicino, lontano, accanto, fuori, dentro, dietro, davanti, indietro, avanti, sotto, sopra, intorno, dappertutto, via*, ecc. Molti di questi nella frase possono anche avere la funzione di preposizione ➔ e quindi collegare un nome o un pronome ad altri elementi della frase.

• Gli avverbi ***qui, qua, quassù, quaggiù*** indicano un luogo vicino a chi parla e lontano da chi ascolta.
Gli avverbi ***lì, là, lassù, laggiù*** indicano un luogo lontano sia da chi parla che da chi ascolta, ma anche un luogo lontano da chi parla e vicino a chi ascolta.

Ricordiamo che gli avverbi *lì* e *là* (come *qui* e *qua*) si usano per lo più indifferentemente, anche se *lì* e *qui* indicano piuttosto un luogo puntuale e *là* e *qua* una zona più vasta e generica: *La tua camicia è* ***lì****, sul letto. Anna è andata di* ***là****, nella stanza di Lucia*.

• L'avverbio ***via*** indica l'allontanamento da un luogo in modo generico: *È già andato* ***via*** *Marco?*

• Si usano come avverbi di luogo anche alcune locuzioni avverbiali come *al di qua, al di là, in qua, in là, per di lì, per di là, per di qui, per di qua, in giro, per aria*, ecc.

Avverbi di quantità

1. *Margherita è una ragazza* ***molto*** *bella, ma anche* ***molto*** *antipatica.*
2. *Quanta gente hai invitato alla tua festa? Quindici persone,* ***all'incirca****.*

Gli avverbi di **quantità** indicano la quantità in modo non preciso, indefinito, e riferito soprattutto all'abbondanza o alla scarsità (**1**, **2**).

• Tra gli avverbi semplici ricordiamo i più comuni: *affatto, poco, appena, abbastanza, piuttosto, molto, tanto, assai, parecchio, troppo, alquanto, altrettanto*, ecc.

• Molti avverbi di quantità come ***molto, poco, tanto, troppo***, ecc. sono forme maschili singolari dei corrispondenti aggettivi indefiniti ➔. Occorre ricordare che quando si usano come aggettivi si accordano con il genere e il numero del nome a cui si riferiscono, quando si usano come avverbi sono invariabili: *Il giardino di Laura mi piace, anche se ci sono* ***pochi*** *fiori. / Il giardino di Lucia non mi piace perché ci sono dei fiori* ***poco*** *belli.*

• L'avverbio ***affatto*** significa "del tutto" e si può usare in frasi affermative: *Mi sembra che tu abbia delle idee* ***affatto*** *simili alle mie*. Si usa tuttavia soprattutto in frasi negative nelle quali rafforza la negazione e prende il significato di "per niente": *Ci piace studiare l'italiano. Non è* ***affatto*** *difficile!*

• ***Altrettanto*** è l'avverbio che indica una quantità reciproca. Si usa spesso nelle risposte alle espressioni di augurio: *Buon appetito. Grazie,* **altrettanto!** */ Arrivederci e buon lavoro.* **Altrettanto** *a Lei dottor Rossi!*

• Si usano come avverbi di quantità anche alcune locuzioni avverbiali fra cui ricordiamo: *un po', un po' troppo, appena appena, all'incirca, più o meno, su per giù,* ecc.

Avverbi di giudizio: affermazione, negazione e dubbio

1. *Bravo Giulio! Nel tuo compito non c'è* **neppure** *uno sbaglio.*
2. *Mi dispiace, ma domani non posso.* **Eventualmente** *potremo vederci lunedì.*

Gli avverbi di **giudizio** indicano l'affermazione o la negazione di un evento oppure il giudizio di eventualità che su di esso dà il parlante (**1**, **2**).

• Tra gli avverbi semplici i più comuni sono i seguenti: *sì, certo, sicuro, proprio, appunto, davvero,* che si usano per affermare e *no, neanche, neppure, nemmeno,* che si usano per negare.

• L'avverbio di negazione ***non*** è l'avverbio di giudizio più frequente. Si mette sempre prima del verbo ed è il mezzo fondamentale per trasformare una frase affermativa in negativa: *Oggi c'è il sole. / Oggi* **non** *c'è il sole.*

• Gli avverbi ***no*** e ***sì*** (che si usano per dare una risposta negativa o affermativa ad una interrogativa ➔) hanno il valore di un'intera frase: *Hai visto Monica?* ***No***. (*No* = Non ho visto Monica).

Per rispondere positivamente, al posto del *sì* si usano spesso ***certo, certamente, esatto, esattamente, sicuro,*** ecc.: *Non ti sembra che Riccardo sia cresciuto?* ***Certo***.

Nello stile colloquiale si usa spesso la ripetizione degli avverbi *sì* e *no* per dare più forza all'affermazione o alla negazione: *Ti è piaciuto il regalo che ti ho mandato?* ***Sì, sì***. *È bellissimo! Grazie tante.*

• Gli avverbi di negazione ***neanche, neppure, nemmeno*** richiedono l'uso dell'avverbio *non* se stanno dopo il verbo, si usano senza il *non* se stanno prima del verbo: *Tutti dicono che sono innamorato di Paola, ma quella ragazza non mi piace* ***nemmeno****. / Tutti dicono che sono innamorato di Paola, ma quella ragazza* ***nemmeno*** *mi piace.*

• L'avverbio ***mica***, come l'avverbio *affatto* ➔, serve a rafforzare la negazione. *Mica*, come l'avverbio temporale *mai* ➔ e come i pronomi e gli aggettivi indefiniti negativi, se sta dopo il verbo richiede l'uso dell'avverbio *non: L'Università di Siena non è* ***mica*** *tanto grande*.

Mica si usa anche come negazione indipendente in alcune espressioni del tipo *mica male*, *mica tanto*, *mica per niente*, *mica sono scemo*, *mica è stato lui*, ecc.

• L'avverbio ***forse***, si usa per mettere in dubbio: ***Forse*** *non ci siamo capiti.*

• Si usano come avverbi di giudizio anche avverbi derivati in *-mente* come gli avverbi di affermazione *sicuramente, certamente, ovviamente*, quelli di dubbio *probabilmente, eventualmente*, ecc. e alcune locuzioni avverbiali come *di certo, di sicuro, per l'appunto, senza dubbio, neanche per sogno*, ecc.

Avverbi interrogativi

Gli avverbi interrogativi introducono una frase interrogativa diretta ➔.
Possono essere:
- avverbi interrogativi di **modo**: ***Come*** *stai?*
- avverbi interrogativi di **luogo**: ***Dove*** *siete andati ieri?*
- avverbi interrogativi di **tempo**: ***Quando*** *pensi di arrivare a Torino?*
- avverbi interrogativi di **quantità**: ***Quanto*** *è lungo questo testo?*
- avverbi interrogativi di **causa**: ***Perché*** *Lei non è venuto al concerto?*

Gradi dell'avverbio

1. *Quest'anno la squadra femminile di sci sta andando* ***benissimo****.*
2. *Ho cambiato casa. Adesso abito* ***più lontano*** *dalla città.*

Molti avverbi, come gli aggettivi qualificativi ➔, possono avere il comparativo e il superlativo: si tratta degli avverbi di modo (**1**) e di alcuni avverbi di tempo e di luogo (**2**).

• Il **comparativo** di maggioranza e di minoranza degli avverbi si forma, come per gli aggettivi, con *più/meno* (**2**).

- Il **superlativo** si forma così:

– Si aggiunge il suffisso ***-issimo*** agli avverbi semplici: *lontano / lontanissimo, presto / prestissimo.*

– Per gli avverbi di modo in *-mente,* si aggiunge il suffisso ***-mente*** al grado superlativo dell'aggettivo femminile singolare: *allegramente / allegrissima-mente, stranamente / stranissima-mente.*

– Alcuni avverbi, come gli aggettivi corrispondenti hanno forme proprie di comparativo e superlativo. Quasi tutti questi avverbi non ammettono, come accade invece per gli aggettivi, anche l'uso della forma normale: *Oggi sto abbastanza bene, ma vorrei star **meglio**.*

Avverbio	Comparativo di maggioranza	Superlativo
bene	*meglio*	*ottimamente o benissimo*
male	*peggio*	*pessimamente o malissimo*
molto	*più*	*moltissimo*
poco	*meno*	*pochissimo*
grandemente	*maggiormente*	*massimamente*

13 I Numerali

1. ***Due*** *persone hanno visto quello che era successo.*
2. *Il* **trenta** *è un numero.*
3. ***Entrambi*** *correvano.*
4. *Marco è arrivato* **primo** *nella gara di corsa; Giuseppe è arrivato* **quarto**.
5. *Fra un mese Tommaso deve consegnare la tesi di laurea, ma ne ha fatta solo* **un terzo**.
6. *La squadra di calcio della Juventus ha segnato il* **doppio** *dei gol dell'Inter.*
7. *Arriverò a casa fra una* **ventina** *di minuti.*

I numerali sono parole e strutture che indicano quantità numerabili; comprendono aggettivi (**1**, **4**), sostantivi (**2**), pronomi (**3**). La categoria più ampia è costituita dagli aggettivi numerali.
Esistono **numerali cardinali** (**1**, **2**), **ordinali** (**4**), **frazionari** (**5**), **moltiplicativi** (**6**), **collettivi** (**7**).

Gli aggettivi numerali cardinali

• Gli aggettivi numerali **cardinali** indicano il numero.
I numerali cardinali sono invariabili, salvo *uno*, che ha il femminile *una* e *mille*, che ha la forma plurale *-mila: Mamma, mi dai* **diecimila** *lire per andare al cinema?*

• *Milione* e *miliardo* sono nomi. Essi formano regolarmente il plurale e sono seguiti dalla preposizione *di*. Non sono seguiti dalla preposizione se sono seguiti da altri numeri: *Luca ha ereditato* **tre milioni di** *dollari. / Il fatturato della nostra azienda è di circa* **2.350.000** *euro.*

• Se il numerale composto con *uno / una* precede il nome può perdere la vocale finale, specialmente se il nome inizia per vocale: *Il figlio di Lucia ha compiuto* **ventun** *anni.*

• I numeri composti da più elementi si scrivono uniti: *Mamma, devo pagare le tasse dell'università: mi servono* ***quattrocentocinquantasette*** *euro.*

• Le decine, a partire da *venti*, unite a *uno* e *otto*, perdono la vocale finale: *Mia suocera ha* ***ottantotto*** *anni.*

• I numeri composti con *tre* hanno l'accento: *Mia figlia ha* ***ventitré*** *anni.*

• I numeri cardinali in alcuni casi si scrivono in cifre, in altri casi si scrivono in lettere. I numeri cardinali si scrivono in cifre nel caso di calcoli, ma anche nel caso delle date, dei valori alti, dei valori percentuali: *Roma,* ***4*** *settembre* ***1996****. / Si parla di una quota del* ***18,5****%.*

Per i valori alti si possono usare anche forme miste: *L'Italia ha* ***56 milioni*** *di abitanti.*

Uso dei numerali cardinali

• I numerali cardinali che hanno funzione di aggettivo di solito stanno **davanti** al nome: *Ieri ho studiato* ***sedici*** *pagine di storia.*
Stanno **dietro** al nome in alcuni casi particolari come l'indicazione del numero della pagina o della casa, oppure quando servono per indicare le ore e le date: *Silvia ha cambiato casa: adesso abita al numero* ***23*** *di via Dogali. / La prova scritta del concorso si svolgerà il* ***giorno 12*** *settembre dalle* ***ore 8*** *alle* ***ore 14****.*

• Per indicare l'ora i numerali da *13* a *24* si usano solo negli orari ufficiali e nelle formule burocratiche, mentre nella lingua parlata si usano solo quelli da *1* a *12*. Le ore *12* si indicano in genere con ***mezzogiorno*** e le ore *24* con ***mezzanotte.*** I numeri che compongono l'ora si uniscono con la congiunzione ***e****: Il treno per Milano parte alle ore* ***tredici e quindici*** *dal binario dodici. / Mi dici l'ora? È* ***l'una e un quarto****.*

• Nei numerali che indicano anni si possono eliminare le prime due cifre, quando dal contesto è chiara l'epoca a cui ci si riferisce: *La seconda guerra mondiale è finita nel* ***'45.*** Per i numerali che indicano i secoli si usa in genere la cifra senza le migliaia: *Mi piace molto la pittura del* ***'600.***

Nella lingua parlata e nello scritto non formale, i nomi ***ora***, ***giorno***, ***anno*** vengono in genere sottintesi: *La lezione di italiano comincia alle* ***nove****.*

Gli aggettivi numerali ordinali

- Gli aggettivi numerali **ordinali** indicano l'ordine in una serie.

- Gli aggettivi numerali ordinali sono tutti variabili e si accordano con il genere e il numero del nome: *Le ragazze della classe **quinta** si sono classificate **terze** nel torneo di pallavolo.*

- I primi dieci ordinali hanno forma particolare (***primo, secondo, terzo, quarto, quinto, sesto, settimo, ottavo, nono, decimo***). Per formare tutti gli altri si aggiunge il suffisso ***-esimo*** al numero cardinale, che perde generalmente la vocale finale: *venti / ventesimo.*

  Nei composti con il numero *tre* non c'è elisione della vocale finale: *quarantatreesimo*.

Uso dei numerali ordinali

Come quelli cardinali, anche gli aggettivi numerali ordinali di solito stanno **davanti** al nome: *Il **primo** amore non si scorda mai.* Nell'indicazione di re e papi, si mettono **dopo** il nome: *Umberto **II** è stato l'ultimo re d'Italia.*
Gli ordinali si usano per indicare il primo giorno del mese (si usano i cardinali per tutti gli altri giorni): *Il **primo** maggio è la festa del lavoro.*
Gli ordinali si usano per indicare i secoli. Il ***primo*** secolo va dall'anno 1 all'anno 100, il ***secondo*** secolo va dall'anno 101 all'anno 200, e così via: *Nel **XIII** secolo Siena era una delle più importanti città europee.*

Gli ordinali si possono scrivere in **cifre romane**. Le cifre romane per scrivere gli ordinali si usano sempre quando servono per indicare i secoli e quando si riferiscono ai papi o ai re: *Giovanni **XXIII** è stato un grande papa del '900.*

I numerali moltiplicativi, frazionari, distributivi, collettivi

- I numerali **moltiplicativi** indicano una quantità due (***doppio***), tre (***triplo***), quattro (***quadruplo***) volte maggiore di un'altra.
Quando i moltiplicativi hanno funzione di aggettivi sono variabili e si accordano con il nome.
Dei moltiplicativi si usa soprattutto *doppio*, e comunque l'uso non si estende mai oltre *quadruplo*: *Vorrei una **doppia** porzione di insalata. / La casa di Fabio è grande il **triplo** della mia.*

I moltiplicativi hanno anche le forme ***duplice*** e ***triplice*** che si usano in genere per indicare qualcosa che è doppio nel senso della qualità più che della quantità: *Vorrei fare una* **duplice** *considerazione* (= *Vorrei fare una considerazione di due tipi*).

- I numerali **frazionari** indicano una o più parti di un intero. Sono nomi e si compongono di un numerale cardinale e di un numerale ordinale: *Fra quindici giorni ho l'esame di chimica e ho fatto solo* **due terzi (2/3)** *del programma.*
Per indicare la divisione di un intero in due parti si usa ***mezzo***, soprattutto nel linguaggio matematico, ***metà*** nel linguaggio comune: *Scrivete ragazzi:* **un mezzo** *più* **cinque mezzi (1/2 + 5/2)** / *Mamma posso uscire? Ho già fatto* **la metà** *degli esercizi di matematica.*

  Mezzo si può usare anche come aggettivo: *Vorrei solamente* **mezza** *porzione di spaghetti.*

- I numerali **distributivi** indicano che la quantità è distribuita fra diversi soggetti. Sono espressioni del tipo ***a uno a uno, per due, tre per volta, quattro alla volta, cinque per ciascuno, ogni sei***: *Per favore, contate bene le fotocopie che vi ho dato: devono essere* **otto per ciascuno**.

- I numerali **collettivi** o indefiniti indicano un insieme numerico all'interno di una classe di elementi. Sono soprattutto nomi come ***coppia, paio, decina, centinaio, migliaio***, ecc.: *Laura e Paolo, per ristrutturare la loro casa, hanno speso alcune* **centinaia** *di milioni.*
I numerali collettivi ottenuti aggiungendo il suffisso ***-ina*** ai numerali cardinali che indicano le decine *venti* / **ventina**, *trenta* / **trentina**, *quaranta* / **quarantina**, ecc. si usano con valore di quantità approssimativa: *Claudio è più giovane di Maurizio, avrà una* **quarantina** *d'anni* (= *avrà circa quarant'anni*).
I numerali collettivi in ***-ina*** si usano di solito solo al singolare. Si usano al plurale ***centinaio*** e ***migliaio*** che hanno il plurale ***centinaia*** e ***migliaia***: *Se si evitassero gli sprechi, lo Stato potrebbe risparmiare ogni anno diverse* **centinaia** *di milioni di euro.*

  Per indicare un gruppo di due ci sono più termini il cui uso non è intercambiabile. Si dice *un* **paio** *di scarpe*, *un* **paio** *di pantaloni*, *un* **paio** *di calze*, *un* **paio** *di occhiali*, *un* **paio** *di forbici*; *una* **coppia** *di amici*, *una* **coppia** *di sposi*, *una* **coppia** *di gatti* (quando si tratta di animali, e talvolta anche di persone, si intende in genere un maschio e una femmina); *un* **duetto** *di tenore e soprano*; *un* **ambo** *al gioco del lotto*.

  Ambedue e ***entrambi/entrambe*** sono aggettivi e pronomi che si usano soprattutto nello scritto e significano "tutti e due": *Durante la guida dell'automobile è bene tenere* **ambedue** *le mani sul volante*.

Numeri e numerali

Numeri	Numerali cardinali	Numerali ordinali
0	zero	–
1	uno	primo
2	due	secondo
3	tre	terzo
4	quattro	quarto
5	cinque	quinto
6	sei	sesto
7	sette	settimo
8	otto	ottavo
9	nove	nono
10	dieci	decimo
11	undici	undicesimo
12	dodici	dodicesimo
13	tredici	tredicesimo
14	quattordici	quattordicesimo
15	quindici	quindicesimo
16	sedici	sedicesimo
17	diciassette	diciassettesimo
18	diciotto	diciottesimo
19	diciannove	diciannovesimo
20	venti	ventesimo
21	ventuno	ventunesimo
22	ventidue	ventiduesimo
23	ventitré	ventitreesimo
24	ventiquattro	ventiquattresimo
25	venticinque	venticinquesimo

Numeri	Numerali cardinali	Numerali ordinali
26	ventisei	ventiseiesimo
27	ventisette	ventisettesimo
28	ventotto	ventottesimo
29	ventinove	ventinovesimo
30	trenta	trentesimo
31	trentuno	trentunesimo
32	trentadue	trentaduesimo
33	trentatré	trentatreesimo
34	trentaquattro	trentaquattresimo
35	trentacinque	trentacinquesimo
36	trentasei	trentaseiesimo
37	trentasette	trentasettesimo
38	trentotto	trentottesimo
39	trentanove	trentanovesimo
40	quaranta	quarantesimo
41	quarantuno	quarantunesimo
42	quarantadue	quarantaduesimo
43	quarantatré	quarantatreesimo
44	quarantaquattro	quarantaquattresimo
45	quarantacinque	quarantacinquesimo
46	quarantasei	quarantaseiesimo
47	quarantasette	quarantasettesimo
48	quarantotto	quarantottesimo
49	quarantanove	quarantanovesimo
50	cinquanta	cinquantesimo
51	cinquantuno	cinquantunesimo

Numeri	Numerali cardinali	Numerali ordinali
52	cinquantadue	cinquantaduesimo
53	cinquantatré	cinquantatreesimo
54	cinquantaquattro	cinquantaquattresimo
55	cinquantacinque	cinquantacinquesimo
56	cinquantasei	cinquantaseiesimo
57	cinquantasette	cinquantasettesimo
58	cinquantotto	cinquantottesimo
59	cinquantanove	cinquantanovesimo
60	sessanta	sessantesimo
61	sessantuno	sessantunesimo
62	sessantadue	sessantaduesimo
63	sessantatré	sessantatreesimo
64	sessantaquattro	sessantaquattresimo
65	sessantacinque	sessantacinquesimo
66	sessantasei	sessantaseiesimo
67	sessantasette	sessantasettesimo
68	sessantotto	sessantottesimo
69	sessantanove	sessantanovesimo
70	settanta	settantesimo
71	settantuno	settantunesimo
72	settantadue	settantaduesimo
73	settantatré	settantatreesimo
74	settantaquattro	settantaquattresimo
75	settantacinque	settantacinquesimo
76	settantasei	settantaseiesimo
77	settantasette	settantasettesimo

Numeri	Numerali cardinali	Numerali ordinali
78	settantotto	settantottesimo
79	settantanove	settantanovesimo
80	ottanta	ottantesimo
81	ottantuno	ottantunesimo
82	ottantadue	ottantaduesimo
83	ottantatré	ottantatreesimo
84	ottantaquattro	ottantaquattresimo
85	ottantacinque	ottantacinquesimo
86	ottantasei	ottantaseiesimo
87	ottantasette	ottantasettesimo
88	ottantotto	ottantottesimo
89	ottantanove	ottantanovesimo
90	novanta	novantesimo
91	novantuno	novantunesimo
92	novantadue	novantaduesimo
93	novantatré	novantatreesimo
94	novantaquattro	novantaquattresimo
95	novantacinque	novantacinquesimo
96	novantasei	novantaseiesimo
97	novantasette	novantasettesimo
98	novantotto	novantottesimo
99	novantanove	novantanovesimo
100	cento	centesimo

14 I pronomi personali

1. ***Lui*** *non* ***lo*** *conosco.*
2. *Maria e Giulia stanno bene:* ***loro****, sono bambine che non si ammalano mai.*
3. ***Noi*** *non siamo d'accordo con quello che* ***voi*** *sostenete.*

I **pronomi personali** sono parole che permettono di indicare le persone che prendono parte ad un processo comunicativo, senza specificare o ripetere il nome proprio o comune. I pronomi di 3ª e 6ª persona possono indicare la persona della quale si parla (**1**) o sostituire veramente un nome (**2**), i pronomi di 1ª e 4ª e i pronomi di 2ª e 5ª persona indicano sempre, rispettivamente, chi parla o chi ascolta (**3**).

Forme dei pronomi personali

1. *Non voglio che* ***tu*** *sia così scortese con i miei amici!*
2. *Come sta Livia? È tanto che non* ***la*** *vedo.*
3. *Se domenica vai al mare, vengo con* ***te****.*

I pronomi personali hanno una notevole varietà di forme. Le forme cambiano secondo la persona che i pronomi indicano e che può essere 1ª, 2ª, 3ª, 4ª, 5ª, 6ª, e secondo la funzione sintattica che svolgono e che può essere di soggetto (**1**), di complemento diretto (**2**), o di complemento indiretto (**3**).
Per quanto riguarda la funzione di complemento diretto e di complemento di termine, il sistema dei pronomi personali prevede due tipi di forme: una **tonica** o forte (**3**) e una **atona** o debole (**2**).

Pronomi personali		Pronomi personali		Pronomi personali	
Soggetto		**Complemento diretto**		**Complemento indiretto**	
		Forme toniche	Forme atone	Forme toniche	Forme atone*
1ª pers.	*io*	*me*	*mi*	*me*	*mi*
2ª pers.	*tu*	*te*	*ti*	*te*	*ti*
3ª pers. m.	*lui, egli, esso*	*lui, esso*	*lo*	*lui, esso*	*gli*
3ª pers. f.	*lei, essa*	*lei, essa*	*la*	*lei, essa*	*le*
3ª pers. rifl.		*sé*	*si*	/	/
4ª pers.	*noi*	*noi*	*ci*	*noi*	*ci*
5ª pers.	*voi*	*voi*	*vi*	*voi*	*vi*
6ª pers. m.	*loro, essi*	*loro*	*li*	*loro, essi*	*gli*
6ª pers. f.	*loro, esse*	*loro*	*le*	*loro, esse*	*gli*
6ª pers. rifl.		*sé*	*si*	/	/

* Le forme atone si hanno solo quando hanno la funzione di complemento di termine

Posizione dei pronomi personali

1. ***Voi** non dovete fare nulla. Penso a tutto **io*!***
2. *Basta Emanuele! Sono stanca di discutere sempre con **te**.*
3. *Come stai Patrizia? Tua sorella **mi** ha detto che non sei stata bene.*

• I pronomi personali con funzione di **soggetto** stanno di solito **prima del verbo** (**1**), ma in frasi a cui vogliamo dare una particolare enfasi il pronome sta di solito **dopo il verbo** (**1***).

• I pronomi personali con funzione di **complemento** diretto o indiretto di forma **tonica** stanno sempre **dopo** il verbo (**2**).

• I pronomi personali con funzione di **complemento** diretto o indiretto di forma **atona** stanno di solito **prima** del verbo (**3**).
Questi pronomi stanno tuttavia dopo il verbo e si uniscono ad esso formando una sola parola nei seguenti casi.

- Quando il pronome personale è complemento di un infinito. In questo caso l'infinito perde la vocale finale: *Vado subito a prender**ti** il libro che mi hai chiesto.*
- Quando il pronome personale è complemento di un imperativo ➔. *Ragazzi, fate**mi** un favore: andate fuori a giocare.*

– Quando il pronome personale è complemento di un gerundio ➡: *Vedendo**ti** così pallida, ho pensato che tu non stessi bene.*
– Con l'avverbio *ecco*: *Ecco**mi**! Io sono pronto: possiamo partire.*

Quando l'infinito è preceduto da un verbo servile ➡ il pronome può stare davanti al verbo servile o dopo l'infinito: *Mi dispiace, ma ora non **vi** posso ricevere. / Mi dispiace, ma ora non posso riceverv**i**.*

Con gli imperativi composti da una sola sillaba (*da', di', fa', sta', va'*) la consonante iniziale del pronome si raddoppia: *Calmati e **dimmi** tutta la verità.* Quando tuttavia l'imperativo è negativo il pronome può stare davanti o dopo il verbo: *Ti prego, non far**mi** arrabbiare! / Ti prego, non **mi** fare arrabbiare!*

Uso dei pronomi personali soggetto

1. *Quando **io** lavoro, **voi** non dovete accendere la radio.*
2. *Quando lavoro, non dovete accendere la radio.*

L'uso del pronome personale con funzione di soggetto è generalmente facoltativo (**1**, **2**).

• Il pronome personale soggetto **deve** tuttavia **essere usato** nei seguenti casi.
– Nelle risposte in cui il pronome ha il valore di un'intera frase: *Chi viene con me? - **Noi*** (= *veniamo noi*).
– In una successione di azioni e in una serie di frasi in cui cambia continuamente il soggetto: ***Io** parto domani con il treno, **tu** vieni nel pomeriggio con la macchina e **loro** arriveranno lunedì.*
– In espressioni enfatiche, quando si vuole mettere in evidenza l'autore di un'azione: ***Io** ho chiamato la polizia!* In questo caso, ma anche in altri, il pronome personale può essere rinforzato da *stesso*: ***Io stesso** ho chiamato la polizia!*
– Dopo *anche, neanche, pure, neppure, nemmeno: Neppure **noi** sapevamo che oggi c'era sciopero.*
– Quando si usa una forma verbale che vale per più persone e quindi, senza il soggetto, si potrebbe creare confusione: *Sarebbe meglio che **tu** fossi più calmo.*

• I pronomi ***io*** e ***tu*** si usano sempre come soggetti. In funzione di soggetto si usano tuttavia le forme ***me*** e ***te*** nei seguenti casi.
– Nei paragoni, quando manca il verbo. *Io, di solito, non faccio come **te**.*
– Nelle esclamazioni. *Felice **te**, che hai già fatto gli esami!*

• Per quanto riguarda i pronomi di 3ª e 6ª persona, nell'italiano contemporaneo, le forme ***lui, lei, loro*** sono le più usate per indicare le persone, mentre *ella* non si usa quasi più e *egli* è poco usato, anche nei registri linguistici più elevati. Le forme *lui, lei, loro* sono comunque obbligatorie nei seguenti casi.

- Nei paragoni: *Io, di solito, non faccio come* **lui**.
- Nelle esclamazioni: *Felice* **lei**, *che ha già fatto gli esami!*
- Nelle risposte in cui il pronome ha il valore di un'intera frase: *Chi viene con me? -* **Loro**.
- In espressioni enfatiche, quando si vuole mettere in evidenza l'autore di un'azione: *È stata* **lei**.
- Dopo *anche, neanche, pure, neppure, nemmeno: Neppure* **loro** *sapevano che oggi c'era sciopero.*

• ***Esso*** si usa solamente per indicare animali o cose, mentre ***essa, essi, esse*** si usano tanto per indicare animali e cose che persone: *Il rame è il materiale più usato nei fili elettrici:* **esso** *è infatti un buon conduttore. / Non capisco perché non ti piacciano i miei amici; eppure* **essi (loro)** *sono sempre gentili con te.*

Uso dei pronomi personali complemento

1. *Non volevo* **te**, *volevo Laura.*
2. *Ciao Marco. Come stai? Era tanto tempo che non* **ti** *vedevo!*
3. *Se vedi Luigi,* **gli** *dici per favore se* **mi*** *telefona?*
4. *Ieri sera, alla festa,* **mi** *sono annoiato molto.*

• Le forme **toniche** o **forti** (**1**) dei pronomi personali complemento danno ad essi particolare rilievo.

• Le forme **atone** o **deboli** (**2**, **3**, **4**), nell'intonazione della frase, si appoggiano al verbo ed hanno minore rilievo nella frase.

- Le forme atone del pronome personale si possono usare solo per il complemento oggetto (**2**) e per il complemento di termine (**3**, **3***), si usano sempre con i verbi pronominali e riflessivi (**4**).
- Le forme atone del pronome personale si usano spesso, nella lingua parlata, in modo ridondante. Si usano cioè non al posto del complemento, ma in presenza del complemento, prima o dopo di esso, per dargli un rilievo particolare: ***Lo*** *compri tu lo zucchero? / Io la carne non* **la** *mangio.*

Nella lingua parlata si usano talvolta costruzioni con il doppio pronome, uno di forma tonica e uno di forma atona: ***A me*** *l'insalata non* ***mi*** *piace. /* ***A te*** *cosa* ***ti*** *importa di quello che faccio?* Queste costruzioni, usate soprattutto con i verbi piacere, sembrare, importare, non sono del tutto accettabili, ma sono tipiche del linguaggio dei bambini e possono servire per dare al parlato familiare una particolare vivacità.

- Il pronome ***le***, forma femminile del complemento di termine di 3ª persona, nella lingua parlata, tende ad essere sostituito dalla forma maschile ***gli***: *Quando telefoni a Beatrice, ricorda**le** che dobbiamo andare dall'avvocato. / Quando telefoni a Beatrice, ricorda**gli** che dobbiamo andare dall'avvocato.*
- Il pronome ***loro*** come 6ª persona del complemento di termine generalmente non si usa nella lingua parlata, né in quella scritta di tipo familiare. Si usa ancora in gran parte dello scritto tecnico-scientifico e burocratico. Si mette sempre dopo il verbo: *Il giudice ha richiamato gli avvocati, ingiungendo **loro** di moderare i termini.*

Uso di *lo*

Il pronome atono ***lo***, oltre che il valore di 3ª persona maschile, con funzione di complemento oggetto, può avere un valore neutro.
Si può riferire a un'intera frase precedente: *Quando ci sono gli esami di italiano? – Non **lo** so.*
Si può riferire a un'intera frase successiva: ***Lo** sanno tutti che Paola e Duccio non stanno più insieme.*

Uso di *ci*

Il pronome atono ***ci***, oltre ad avere il valore di 4ª persona con funzione di complemento oggetto e complemento di termine, svolge anche le seguenti funzioni.

- Si usa come avverbio di luogo ed equivale a *qui, là* ecc.: *Ragazzi, c'è da ritirare un pacco alla posta. Chi **ci** va?*
- Si usa, con il verbo *essere*, nel senso generico di *esistere, trovarsi*: *Le previsioni del tempo dicono che domani **ci sarà** il sole.*

  - Come avverbio di luogo, in unione con il verbo *essere*, usato nel senso di *esistere*, e come pronome neutro, specialmente nello scritto di livello formale, si usa anche il pronome atono ***vi***: *C'è stata ieri l'inaugurazione dell'anno accademico: **vi** ha partecipato anche il Ministro.*

- Si usa con il valore di pronome dimostrativo neutro, ed equivale a *a ciò, in ciò*: *Lorenzo ha detto che ha studiato, ma io non **ci** credo.*
- Si usa con un valore non determinato in alcuni modi di dire, talvolta combinato con un altro pronome atono: *voler**ci** tempo / soldi / pazienza; restar**ci** male; andar**ci** di mezzo; sentir**ci** / veder**ci** bene / male; aver**cela** con qualcuno,* ecc.: *Oggi per comprare una casa **ci** vogliono toppi soldi.*
- Si usa nelle frasi della lingua parlata di questo tipo: *Hai il passaporto? - Sì, **ce l'**ho.* In questi casi l'uso di *ci* è obbligatorio.

  - Nella lingua parlata si usano molto frasi con *c'è*, *ci sono*, *c'era*, ecc. per mettere in evidenza una informazione nuova: ***Ci sono** tre studenti che vorrebbero sapere le date dell'esame.*

Uso di *ne*

Il pronome ***ne*** svolge le seguenti funzioni.

– Si usa con il valore di avverbio di luogo ed equivale a *da qui, di là*, ecc.: *Enrico è entrato nell'aula dell'esame, ma* ***ne*** *è uscito quasi subito.*

– Si usa con il valore di pronome di 3ª o 6ª persona, maschile e femminile; in questo caso equivale a *di lui, da lui, di loro, da loro*, ecc.: *Con tuo fratello non sei obiettivo:* ***ne*** *vedi solo i difetti.*

– Si usa con il valore di pronome dimostrativo; in questo caso equivale a *di questo, da questo, di ciò, da ciò, di questa*, ecc.: *Ho comprato una pizza.* **Ne** *vuoi un pezzetto?*

– Si usa in varie espressioni e modi di dire di uso comune come *non poter****ne*** *più, averse****ne*** *a male, valer****ne*** *la pena, dir****ne*** *di tutti i colori*: *La settimana prossima vado in montagna, perché non* ***ne*** *posso più di questo caldo.*

Uso di *si*

Il pronome ***si*** svolge le seguenti funzioni.

– Si usa nella 3ª e 6ª persona della coniugazione dei verbi riflessivi e pronominali ➔: *Elena è fissata con la pulizia e* ***si*** *lava in continuazione. / Credo che* ***si*** *pentiranno molto presto di aver comprato quella casa.*

– Si usa in costruzioni impersonali ➔: *In questa famiglia* ***si*** *spende troppo.*

– Si usa in costruzioni di valore passivo ➔: *Il pronome* ne ***si*** *usa come avverbio di luogo.*

Quando una frase contiene un *si* riflessivo o pronominale e vogliamo usare un altro tipo di *si*, ad esempio impersonale o passivo, il primo dei due *si* viene sostituito con *ci*: *Alle feste troppo eleganti non* ***ci si*** *diverte.*

Uso dei pronomi combinati

I pronomi atoni possono combinarsi fra loro.

– Si può combinare un pronome atono in funzione di complemento di termine con *lo, la, li, le* in funzione di complemento oggetto o con *ne* in funzione di complemento di specificazione o di avverbio di luogo: *Posso scrivere io la relazione, ma gli appunti dovete dar****meli*** *domani.*

– Si può combinare un pronome atono di un verbo riflessivo o pronominale con *lo, la, li, le* in funzione di complemento oggetto o con *ne* in funzione di complemento di specificazione o di avverbio di luogo: *Se prenderò un voto basso a questo esame* ***me ne*** *importa poco.*

– Davanti a *lo, la, li, le, ne* la ***i*** dei pronomi atoni *mi, ti, si, ci, vi* si trasforma in ***e***; il pronome ***gli*** cambia in ***glie***-, si scrive unito al pronome che lo segue e si usa per il maschile e il femminile della 3ª e 6ª persona.

Spesso le coppie di pronomi ***me ne***, ***te ne***, ***se ne***, ***ce ne***, ***ve ne*** accompagnano i verbi *stare* e *andare* in funzione rafforzativa: *Siamo andati in campagna per starc**ene** un po' in pace. / È tardi, io **me ne** vado.*

Forme accoppiate dei pronomi atoni					
me lo	*te lo*	*glielo*	*se lo*	*ce lo*	*ve lo*
me la	*te la*	*gliela*	*se la*	*ce la*	*ve la*
me li	*te li*	*glieli*	*se li*	*ce li*	*ve li*
me le	*te le*	*gliele*	*se le*	*ce le*	*ve le*
me ne	*te ne*	*gliene*	*se ne*	*ce ne*	*ve ne*

Uso dei pronomi allocutivi

Si chiamano pronomi allocutivi quelli con i quali ci si rivolge, nello scritto e nel parlato, ad una o più persone.

- Quando ci si rivolge a una persona con la quale c'è un rapporto di familiarità o confidenza si usa il pronome di 2ª persona ***tu***: *Io sto bene, grazie. **Tu** come stai?* Se le persone sono più di una, si usa il pronome di 5ª persona ***voi***: *Dove andate **voi** stasera?*

- Quando ci si rivolge a una persona (uomo o donna) di particolare riguardo, con la quale non c'è confidenza, si usa il pronome di 3ª persona femminile ***lei***: *E **Lei**, Signor Putti, che cosa ne pensa della nuova legge sull'ambiente?*
Se le persone sono più di una si usa nella maggior parte dei casi la 5ª persona ***voi***: *Gentili Signori, **vi** prego di prendere posto, lo spettacolo sta per incominciare*. Si usa la 6ª persona ***loro*** quando il contesto è molto formale: *Signori giudici, **si** accomodino.*
Quando si usa il pronome allocutivo ***lei*** in funzione di soggetto si usano sempre, come complementi, le forme toniche ***a lei***, ***di lei***, ecc. e le forme atone ***la***, ***le***. Il participio passato si accorda invece al **maschile** se ci si rivolge ad un uomo, al **femminile** se ci si rivolge ad una donna: *Egregio Avvocato, mi dispiace che **Lei** non sia stato interpella**to**. / **Lei**, dottoressa, non è anda**ta** alla conferenza?*

Nelle lettere di tono formale, il pronome *lei* (o *loro*), i pronomi complemento e gli aggettivi possessivi, che si riferiscono al destinatario della lettera, si scrivono con l'iniziale maiuscola: *Egregio Professore, **La** ringrazio infinitamente della **Sua** cortese lettera.*

15 I pronomi relativi

1. *Voglio comprare quel libro di ecologia di* ***cui*** *parlano tutti i giornali.*
2. *Gli studenti* ***che*** *frequentano il corso elementare sono giapponesi.*

Il **pronome relativo**, oltre a sostituire una parola, mette in relazione due proposizioni. Il pronome introduce sempre una subordinata, chiamata **relativa** ➔. La subordinata relativa può seguire la reggente (**1**) o stare in mezzo ad essa (**2**). Il pronome relativo si mette sempre dopo il nome a cui si riferisce. Se il nome è accompagnato da un aggettivo o da un complemento di specificazione, il pronome relativo si mette subito dopo questi (**1**).

Forme dei pronomi relativi

Forme invariabili	Forme variabili
che	*il quale, la quale*
cui	*i quali, le quali*
chi	

Uso dei pronomi relativi

Uso di *che*

Il pronome relativo ***che*** è invariabile, si usa per persone, animali e cose sia al maschile che al femminile, al singolare e al plurale.
Può avere la funzione di **soggetto**: *Oggi ci sono molti giovani* ***che*** *vivono con i genitori fino a trent'anni.* Può avere la funzione di **complemento oggetto**: *Il frutto* ***che*** *preferisco è l'albicocca.*

• Il pronome relativo ***che***, oltre a sostituire un nome, può sostituire un'intera proposizione. In questo caso il **che** ha un valore neutro, significa *"ciò / la qual cosa"*, ed è in genere preceduto dall'articolo o dalla preposizione articolata: *Per laurearsi quest'anno dovrebbe fare quattro esami in sei mesi,* ***il che*** *non è facile.* Il pronome relativo ***che*** è quello di uso più frequente, tanto nella lingua parlata che in quella scritta.

Nella lingua parlata è molto diffuso l'uso del ***che***, sia come pronome che come congiunzione, anche quando, in una lingua più sorvegliata, si userebbero altre forme. Questo uso "allargato" del *che* si chiama **polivalente**. Quando ha la funzione di pronome relativo, il *che* si usa spesso al posto di *in cui* o anche al posto di di *cui*: *Ricordo benissimo il giorno* ***che*** *mi sono sposato. / Questo è il fax* ***che*** *ti dicevo ieri.*

Uso di *cui*

Il pronome relativo ***cui*** è invariabile, si usa per persone, animali e cose sia al maschile che al femminile, al singolare e al plurale. Ha la funzione di **complemento indiretto** ed è quasi sempre preceduto da una preposizione: *Il Monviso è il monte* ***da cui*** *nasce il fiume Po.*

• Il pronome relativo ***cui*** può **non** essere preceduto dalla preposizione quando ha la funzione di complemento di termine: *Questo è un progetto* ***cui / a cui*** *pensavo da tempo.*

• Il pronome relativo ***cui***, messo fra l'articolo determinativo e il nome, assume la funzione di complemento di specificazione: *Troppo spesso ci sono degli incidenti ecologici* ***le cui*** *conseguenze sono imprevedibili.*

• Il pronome relativo ***cui*** viene usato con valore neutro nell'espressione ***per cui***. Significa *"per ciò / per la qual cosa"* e si riferisce a un'intera proposizione precedente: *Ieri ho avuto un po' di febbre,* ***per cui*** *preferisco non uscire.*

Uso di *il quale, la quale, i quali, le quali*

Il pronome relativo ***il quale*** è variabile e può avere la funzione di **soggetto**: *Non può essere felice l'uomo* ***il quale*** *vive solo per il denaro.* Può avere la funzione di **complemento oggetto**: *Una legge* ***la quale*** *il parlamento non approva nei tempi stabiliti, non è valida.* Può avere la funzione di **complemento indiretto**: *È questo il libro* ***del quale*** *ti parlavo l'altro ieri.*

• Il pronome relativo ***il quale,*** come soggetto e come oggetto, è di uso poco comune e limitato allo scritto di carattere formale. Come complemento indiretto si usa invece comunemente, con la stessa frequenza della forma invariabile *cui*.

• Invece di *che* si usa comunque il pronome variabile ***il quale*** come oggetto o come soggetto nei seguenti casi.
- Quando il nome è lontano dal pronome e l'indicazione del genere e del numero può servire a stabilire a chi il pronome si riferisce: *Ho incontrato il figlio della signora Rossi,* ***il quale*** *ora vive a Siena.*
- Quando in un periodo ci sono più *che*: *Mi pare che Luisa,* **la quale** *non è mai stata bella, sia molto invecchiata.*

Uso di *chi*

Il pronome relativo ***chi*** viene detto "pronome doppio" perché unisce in sé due pronomi diversi, uno dimostrativo (*colui, quello*, ecc.) ➡ o indefinito (*qualcuno, uno*, ecc.) ➡ e uno relativo (*che, il quale*, ecc.). Per questo si può usare da solo, senza che sia preceduto da un nome: ***Chi*** *viene in montagna con noi?*

• Il pronome relativo ***chi*** è invariabile e si usa solo per gli esseri animati al singolare.

• Il pronome relativo ***chi*** può essere **soggetto** sia nella proposizione reggente che nella relativa: ***Chi*** *studia passerà l'esame.* Può essere **complemento oggetto** nella reggente e soggetto nella relativa: *Non conosco* **chi** *sia più prepotente di te.* Può essere **complemento indiretto** sia nella reggente che nella relativa: *Se vuoi risolvere i tuoi problemi parla con* **chi** *ti ho detto io.*

16 Gli aggettivi e i pronomi possessivi

1. ***Mia*** *figlia studia economia all'Università di Pisa.*
2. *Io ho già preso la* ***mia*** *giacca: tu prendi la* ***tua*****.*

I **possessivi** indicano la persona a cui appartiene qualcosa o che ha relazione con qualcosa o qualcuno.
I possessivi, sia quando sono usati con funzione di aggettivi (**1**, **2**) sia quando sono usati con funzione di pronome (**2***), hanno forme identiche.

Forme dei possessivi

	Maschile singolare	**Maschile plurale**	**Femminile singolare**	**Femminile plurale**
1ª persona	*mio*	*miei*	*mia*	*mie*
2ª persona	*tuo*	*tuoi*	*tua*	*tue*
3ª persona	*suo*	*suoi*	*sua*	*sue*
3ª persona	*proprio*	*propri*	*propria*	*proprie*
4ª persona	*nostro*	*nostri*	*nostra*	*nostre*
5ª persona	*vostro*	*vostri*	*vostra*	*vostre*
6ª persona	*loro*	*loro*	*loro*	*loro*
6ª persona	*proprio*	*propri*	*propria*	*proprie*

Uso dei possessivi

1. *Maria oggi era molto elegante: si era messa il* ***suo*** *vestito rosso.*
2. *I ragazzi non hanno potuto prendere la* ***loro*** *macchina, perciò gli ho prestato la* ***mia*****.*

- Gli aggettivi e i pronomi possessivi hanno lo stesso genere, maschile o femminile e lo stesso numero, singolare o plurale, della cosa posseduta (**1**, **2***). Il possessivo di 6ª persona è invariabile per genere e per numero (**2**).

- Di solito l'aggettivo possessivo si mette **davanti** al nome a cui si riferisce (**1**, **2**). L'aggettivo possessivo si mette **dopo** il nome a cui si riferisce nei seguenti casi.
  - Nelle frasi esclamative e vocative: *Cari **miei**, questa storia non mi piace affatto!*
  - In alcune espressioni particolari come *per conto mio, a parer nostro, per colpa sua, per amor tuo*, ecc.
  - Nelle espressioni di luogo con la parola *casa*: *Venite a cena a casa **mia**?*

- Con i possessivi si usa quasi sempre l'articolo (**1**, **2**, **2***). Non si usa l'articolo nei seguenti casi.
  - Quando il possessivo si riferisce a nomi che indicano rapporti di famiglia, usati al singolare: ***Mia** figlia ha ventiquattro anni, **tuo** nipote invece è ancora piccolo.*
  - Quando il possessivo è usato come predicato: *Ti sbagli, questo libro non è **tuo.***

- Quando il contesto indica chiaramente chi è il possessore di qualcosa, il possessivo spesso non si esprime: *Carlo, sbrigati! Prendi lo zaino (il **tuo** zaino) e vai a scuola.*

- L'aggettivo possessivo ***proprio*** può sostituire sia l'aggettivo di 3ª persona *suo*, sia quello di 6ª persona *loro* quando *suo* e *loro* si riferiscono al soggetto della frase: *Luca e Paola curano molto il **loro** giardino = Luca e Paola curano molto il **proprio** giardino.*

L'uso di *proprio* è obbligatorio nelle costruzioni impersonali e quando il soggetto della frase non è definito: *Bisogna saper riconoscere i **propri** difetti. / Ognuno ha le **proprie** abitudini.*

Ricordiamo che con i pronomi *loro* e *proprio* si usa sempre l'articolo: *Giacomo e Gianni sono al mare: me lo ha detto **la loro** sorella.*

17 Gli aggettivi e i pronomi dimostrativi

1. *Non voglio* ***questo*** *libro, voglio* ***quello**** *che è sul tavolo.*
2. *Ricordo sempre* ***quell'****estate in cui siamo stati in Messico.*
3. *Non voglio sentirti fare* ***queste*** *affermazioni.*

I dimostrativi indicano qualcuno o qualcosa in rapporto alla vicinanza o lontananza nello spazio (**1**), nel tempo (**2**) o nel discorso (**3**).
La maggior parte dei dimostrativi possono essere usati sia come **aggettivi** (**1**, **2**, **3**), sia come **pronomi** (**1***).

Forme dei dimostrativi

Singolare		Plurale	
Maschile	**Femminile**	**Maschile**	**Femminile**
questo	*questa*	*questi*	*queste*
quello, quel	*quella*	*quelli, quei, quegli*	*quelle*
stesso	*stessa*	*stessi*	*stesse*
tale	*tali*	*tale*	*tali*

• Il dimostrativo ***quello***, quando ha la funzione di aggettivo, cambia la forma secondo il suono iniziale del sostantivo al quale sta davanti. La discriminazione dei suoni è uguale a quella fatta dall'articolo determinativo ➔: *quel gatto / quei gatti; quell'orologio / quegli orologi; quello studente / quegli studenti; quella ragazza / quelle ragazze; quell'automobile / quelle automobili.*

• Le forme singolari ***questo*** e ***questa,*** quando hanno la funzione di aggettivo, perdono la vocale finale davanti ai nomi che iniziano per vocale: *Non mi piace* ***quest'****aria di burrasca.*

• La forma plurale ***quelli*** si usa solo come pronome: *Che bei gerani!* ***Quelli*** *rossi sono meravigliosi.*

Uso dei dimostrativi

- Gli aggettivi dimostrativi ***questo*** e ***quello*** stanno sempre **prima** del nome e non hanno **mai** l'articolo.

- ***Questo***, sia in funzione di aggettivo che di pronome, indica vicinanza rispetto a chi parla, o comunque idea di vicinanza: *Ecco, prendo **questi** pantaloni verdi e **questo** maglione bianco.*

- ***Quello***, sia in funzione di aggettivo che di pronome, indica lontananza rispetto a chi parla, o comunque idea di lontananza: *Non voglio più parlare di **quella** brutta avventura.*

- ***Stesso*** e ***medesimo,*** che possono avere sia funzione di aggettivo che di pronome, indicano identità completa fra due elementi. *Stesso* è di uso molto più comune rispetto a *medesimo: Non tutti abbiamo gli **stessi** gusti.*
  - Quando *stesso* e *medesimo* hanno funzione rafforzativa si mettono dopo il nome o il pronome a cui si riferiscono: *Io **stesso** riconosco che ho sbagliato* (= *Perfino io riconosco che ho sbagliato*).
  - *Stesso* con funzione di pronome si usa spesso nel linguaggio scientifico, nelle formule, nelle spiegazioni per evitare di ripetere il nome dell'elemento o del problema di cui si parla, oppure con valore neutro per sostituire un'intera frase: *Lo **stesso** dicasi di tutti gli insiemi omogenei.*

  Di uso comune sono le espressioni *fa lo stesso* (= *non importa*); *partire / mangiare / parlare,* ecc. *lo stesso* (= *partire / mangiare / parlare,* ecc. *ugualmente*).

- ***Tale***, che è anche aggettivo e pronome indefinito ➔ si usa spesso, come aggettivo dimostrativo, per riprendere un elemento del discorso, soprattutto scritto: ***Tale** teoria filosofica fu elaborata nel XVI secolo.*

- ***Ciò*** è un pronome invariabile con valore neutro che equivale a *qucsta cosa / quella cosa*. Si usa sia come soggetto che come complemento; è di uso comune soprattutto nella lingua scritta. Spesso *ciò* introduce una proposizione relativa: *Da **ciò** che abbiamo detto, possiamo facilmente capire quale sia il problema.*

- Il dimostrativo ***codesto***, che serve per indicare una persona o una cosa vicina a chi ascolta si usa ormai quasi solamente in Toscana e sempre meno nell'italiano standard: *Perché ti sei messa **codesto** vestito nero?*

18 Gli aggettivi e i pronomi indefiniti

1. *Mi ha cercato **qualcuno**?*
2. *Carlo va **ogni** mese a Milano per lavoro.*
3. *Ha telefonato Mario? - No, non ha telefonato **nessuno**.*
4. *Marco, con il suo lavoro, guadagna **parecchi** soldi.*

Gli indefiniti indicano qualcosa o qualcuno in modo non specifico, non preciso, non determinato. Possono riferirsi a una sola persona o cosa come *qualcuno, qualche, qualcosa, alcuno, altro,* ecc. (**1**), indicare un insieme come *ogni, tutto, ognuno, ciascuno, chiunque,* ecc. (**2**), indicare l'esclusione assoluta di un elemento come *nessuno, niente, nulla,* ecc. (**3**) o indicare una quantità generica come *parecchio, tanto, poco, troppo,* ecc. (**4**).

Forme degli indefiniti

Gli indefiniti sono numerosi. Alcuni hanno forma variabile, altri invariabile. Alcune forme hanno funzione sia di **aggettivo** che di **pronome**, alcune hanno funzione solo di aggettivo, altre hanno funzione solo di pronome.

• ***Alcuno, ciascuno, nessuno***, quando sono usati come aggettivi e stanno davanti al nome, si troncano o si apostrofano secondo le regole seguite dall'articolo indeterminativo *un: Per **ciascun** uccello il suo nido è bello.*
Nella tabella della pagina seguente sono indicati gli aggettivi e i pronomi indefiniti di uso più comune.

Aggettivi		Pronomi	
Singolare M/F	**Plurale M/F**	**Singolare M/F**	**Plurale M/F**
poco/a	*pochi/e*	*poco/a*	*pochi/e*
molto/a	*molti/e*	*molto/a*	*molti/e*
parecchio/a	*parecchi/e*	*parecchio/a*	*parecchi/e*
tanto/a	*tanti/e*	*tanto/a*	*tanti/e*
tutto/a	*tutti/e*	*tutto/a*	*tutti/e*
troppo/a	*troppi/e*	*troppo/a*	*troppi/e*
altrettanto/a	*altrettanti/e*	*altrettanto/a*	*altrettanti/e*
certo/a	*certi/e*	*certo/a*	*certi/e*
alcuno/a	*alcuni/e*	*alcuno/a*	*alcuni/e*
tale	*tali*	*tale*	*tali*
altro/a	*altri/e*	*altro/a*	*altri/e*
ciascuno/a	—	*ciascuno/a*	—
nessuno/a	—	*nessuno/a*	—
ogni	—		
qualche	—		
qualsiasi	—		
qualunque	—		
		uno/a	*uni/une*
		qualcuno/a	—
		ognuno/a	—
		chiunque	—
		qualcosa	—
		niente	—
		nulla	—

Uso degli indefiniti

• Con la maggior parte degli indefiniti **non si usa** l'articolo o si usa solo in casi particolari: *Oggi faremo* ***alcuni*** *esercizi sugli indefiniti.*
Con ***tutto*** si usa sempre l'articolo o l'aggettivo dimostrativo, che stanno fra *tutto* e il nome a cui ***tutto*** si riferisce: *Con* **tutta questa** *confusione non posso concentrarmi.* Anche l'aggettivo possessivo sta fra *tutto* e il nome a cui si riferisce ed ha l'articolo: *Giuliana mi ha fatto vedere* **tutte le sue** *piante.*

• Gli aggettivi indefiniti stanno in genere davanti al nome e davanti ad altri aggettivi. Si possono mettere dopo il nome ***qualunque*** e ***qualsiasi***: *Non mi interessa la marca, mi dia un vino* ***qualunque***.

• Gli aggettivi indefiniti sono spesso seguiti da un aggettivo possessivo che non ha l'articolo: *Carolina è una ragazza viziata; i genitori esaudiscono* ***ogni suo*** *desiderio. /* ***Tanti vostri*** *errori potrebbero essere evitati.*
Con lo stesso significato e valore comunicativo si usano spesso costruzioni con i pronomi indefiniti, seguiti dal partitivo: *Carolina è una ragazza viziata; i genitori esaudiscono* ***ognuno dei*** *suoi desideri. /* ***Tanti dei*** *vostri errori potrebbero essere evitati.*

• ***Molto, tanto*** *e* ***parecchio*** indicano una quantità notevole e sono usati come sinonimi: *Ieri al concerto c'era* ***molta / tanta / parecchia*** *gente.*

• ***Ciascuno*** *e* ***ogni*** indicano gli individui singoli in un insieme di persone o cose e, in funzione di aggettivi, sono usati come sinonimi: *Per* ***ciascun / ogni*** *uccello il suo nido è bello.*
– *Ogni* è anche molto usato con valore distributivo: *Vado a Roma* ***ogni*** *due mesi.*

• ***Alcuno*** e ***nessuno*** usati al singolare, in frasi negative, sono sinonimi e stanno sempre dopo il verbo: *Non siamo in grado di darti* ***alcun / nessun*** *consiglio.*
– *Alcuno* si usa al plurale per indicare un numero indeterminato, non tanto grande, di persone o cose; con lo stesso significato si può usare ***qualche*** al singolare: *Voglio andare* ***alcuni*** *giorni in montagna* (= *Voglio andare* ***qualche*** *giorno in montagna*).
– *Nessuno,* nelle frasi interrogative, ha valore positivo, sia in funzione di aggettivo che in funzione di pronome, ed equivale a *qualche* o *qualcuno*: *Mi ha cercato* ***nessuno****?*

• ***Qualunque*** e ***qualsiasi*** sono sinonimi e hanno il significato di *non importa quale*. Possono avere l'articolo indeterminativo e possono stare dopo il nome. Si usano di solito con nomi singolari: quando si usano con nomi plurali stanno sempre dopo il nome: *Per cuocere la carne puoi usare un* **qualunque** *vino. / Non mi piace tenere nella libreria dei libri* **qualsiasi**.

• ***Certo*** si usa come sinonimo di *qualche*: *Sono andata a cena con* **certi** *studenti tedeschi*. Si usa anche come sinonimo di *tale* e in questo caso ha l'articolo indeterminativo: *Ti cercava un* **certo** *Alberto*.
- *Certo* può avere anche valore attenuativo e in questo caso ha l'articolo indeterminativo: *Laura non è tanto brillante, ma ha una* **certa** *cultura*.
- *Certo,* al plurale, può avere valore intensivo, superlativo: *L'esame è andato male: avete fatto* **certi** *errori!*
- *Certo,* messo dopo il nome, ha valore qualificativo e significa *sicuro*: *Non abbiamo nessuna notizia* **certa**.

• ***Uno*** è un pronome di uso molto comune, che serve per indicare una singola persona in modo generico. Quando è seguito da un partitivo può indicare sia una persona che una cosa: *Mi farò accompagnare a Roma da* **uno** *dei miei figli*.
- In alcuni casi il pronome *uno* prende un valore impersonale: ***Uno*** *non può perdere tutti i giorni un'ora per trovare un posteggio!*
- Il pronome *uno* si può mettere in correlazione con il pronome **altro**. In questo caso può indicare sia una persona che una cosa, si può usare anche al plurale ed ha l'articolo determinativo: *Cari ragazzi, vorrei che foste uniti e che vi aiutaste gli* **uni** *con gli* **altri**.

• ***Ognuno*** è il pronome corrispondente all'aggettivo *ogni:* ***Ognuno*** *deve fare le proprie scelte*.

• ***Chiunque*** è il pronome che corrisponde all'aggettivo *qualunque*: ***Chiunque*** *abbia sentito quella musica è rimasto affascinato*.

• ***Qualcosa*** è una forma contratta di *qualche cosa*. Ha valore neutro e si accorda al maschile: *Pietro non è ancora tornato a casa: ho paura che sia successo* **qualcosa**.

• ***Niente*** e ***nulla*** significano *nessuna cosa*. Sono invariabili e si accordano al maschile. Possono stare prima o dopo il verbo, ma quando sono dopo il verbo occorre la frase negativa: *Non hai fatto* **nulla** *di ciò che avevi promesso*.

19 Gli aggettivi e i pronomi interrogativi ed esclamativi

1. ***Che*** *bellezza! Domani vado in vacanza.*
2. *Il tuo vestito di lino è molto bello.* ***Quanto*** *lo hai pagato?*
3. ***Chi*** *ci sarà alla festa di Chiara?*

Gli interrogativi e gli esclamativi si usano per rivolgere una domanda, diretta o indiretta, o per esprimere un'esclamazione. Sia la domanda che l'esclamazione possono riguardare la qualità (**1**), la quantità (**2**) o l'identità (**3**).

Forme degli interrogativi ed esclamativi

Aggettivi		Pronomi	
Singolare M/F	**Plurale M/F**	**Singolare M/F**	**Plurale M/F**
quale/quale	*quali/quali*	*quale/quale*	*quali/quali*
quanto/quanta	*quanti/quante*	*quanto/quanta*	*quanti/quante*
che	*che*		
		chi	*chi*
		che, che cosa, cosa	*che, che cosa, cosa*

Quale si tronca davanti a *è: Qual è lo sport che preferite?*
Quanto può prendere l'apostrofo davanti a vocale: *Quant'è?* (= *Quanto spendo?*)

Uso degli interrogativi ed esclamativi

- Tutti i pronomi interrogativi ed esclamativi si possono usare:
  - con funzione di **soggetto**: ***Chi*** *viene con me?*
  - con funzione di **complemento oggetto**: *Ma* ***che*** *mi dici!*
  - con funzione di **complemento indiretto**: *Vorrei sapere di* ***cosa*** *ti lamenti.*

- Tutti gli interrogativi si possono usare sia nelle interrogative **dirette** che nelle interrogative **indirette**.

- Il pronome ***chi*** si riferisce solo a persone o animali.

- I pronomi ***che, cosa, che cosa*** hanno valore neutro.

- L'aggettivo ***che*** ha lo stesso significato di ***quale***, ma nella lingua parlata *che* è più usato di *quale*: *Non so* ***che*** *vestito mettermi.*

  Si può usare il semplice ***che*** interrogativo per verificare il funzionamento della comunicazione, quando non si è capito bene quello che un altro ci ha detto, oppure per segnalare che abbiamo sentito quando qualcuno ci chiama: *Cristiano! -* ***Che****?*

20 Le congiunzioni

1. *Fabio* **e** *Paolo sono sempre stati grandi amici.*
2. *Grazie dell'invito Laura,* **ma** *stasera non posso uscire.*
3. *Domani andrò a lavorare,* **anche se** *non sto bene.*

Le congiunzioni sono parole **invariabili** che servono a collegare due o più elementi di una frase oppure due o più frasi di un periodo. In base al tipo di collegamento che determinano, le congiunzioni si dividono in:
- congiunzioni **coordinanti** o **coordinative** che uniscono elementi sintatticamente equivalenti (**1**, **2**).
- congiunzioni **subordinanti** o **subordinative** che uniscono frasi sintatticamente non equivalenti e stabiliscono fra le stesse rapporti di dipendenza (**3**).

Ci sono congiunzioni **semplici**, formate da una sola parola (**1**, **2**) e **locuzioni congiuntive**, formate da più parole (**3**).

Le congiunzioni, come le preposizioni ➡, non hanno un significato proprio. Il loro significato deriva dalla funzione di collegamento che svolgono nella frase.

Congiunzioni coordinanti

In base al tipo di rapporto che stabiliscono fra gli elementi che collegano, si distinguono i seguenti gruppi di congiunzioni coordinanti.

• **Copulative**: *Oggi sono stanco* **e** *ho mal di testa.*

Uniscono gli elementi semplicemente accostandoli gli uni agli altri. Oltre alla comunissima *e*, ricordiamo *anche, pure, inoltre* che hanno valore affermativo, *né, neanche, nemmeno, neppure* che hanno valore negativo.

- La congiunzione e si modifica in *ed* quando si trova davanti ad una parola che comincia con e: *Antonio ha fatto l'esame di analisi matematica* **ed** *è molto felice.* L'uso di *ed* è oggi piuttosto raro davanti a parole che iniziano con vocali diverse da e.
- Quando si fa un elenco di più elementi, la congiunzione *e* si mette solo davanti all'ultimo elemento della serie: *Leonardo da Vinci fu pittore, scultore, architetto* **e** *ingegnere.*

Le congiunzioni *anche*, *inoltre*, *nemmeno*, *neanche*, ecc. spesso sono usate in unione con la congiunzione *e*: *Non ho notizie di Luigi* ***e nemmeno*** *di Lorenzo*.

- **Disgiuntive**: *Vieni a casa con me* ***o*** *resti qui?*

Indicano che tra i due elementi collegati c'è un rapporto di esclusione reciproca. Le più usate sono *o* e *oppure*.

- **Avversative**: *Leone X era un papa molto colto,* ***ma*** *poco abile nella politica.*

Indicano che tra i due elementi collegati c'è un rapporto di contrapposizione. Le più usate sono *ma, però, tuttavia, pure, eppure.*

La congiunzione *ma*, che è la più usata di tutte, sta sempre all'inizio di frase e può essere unita ad altre congiunzioni avversative con effetto di rinforzo. *Marco è un ragazzo intelligente,* ***ma tuttavia*** *non mi piace*.

- **Dichiarative o esplicative**: *Ieri sera non avevo fame,* ***infatti*** *non ho cenato.*

Introducono un elemento che spiega o precisa quello che si è detto prima. Le più usate sono *infatti, cioè, ossia, vale a dire.*

- **Conclusive**: *Abbiamo parlato anche troppo,* ***dunque*** *ora mettiamoci a lavorare.*

Introducono una conclusione o una conseguenza di quello che si è detto prima. Le più usate sono *dunque, quindi, perciò, pertanto.*

La posizione delle quattro congiunzioni conclusive può essere variabile: *Domani parto per Palermo,* ***perciò*** *non posso venire al concerto*. / *Domani parto per Palermo, non posso* ***perciò*** *venire al concerto*.

La congiunzione ***pertanto*** è usata soprattutto nello stile formale e nello scritto.

- **Correlative**: *Ci sono molti turisti* ***non solo*** *nelle grandi città d'arte,* ***ma anche*** *nei piccoli centri.*

Indicano una corrispondenza reciproca fra due (o più) elementi. Le più usate sono *e ... e, o ... o, né ... né, sia ... sia, sia ... che, non solo ... ma anche.*

La congiunzione ***non solo... ma anche*** serve a dare particolare rilievo al secondo elemento della correlazione: ***Non solo*** *è bugiardo,* ***ma anche*** *ladro.*

Congiunzioni subordinanti

Mentre le congiunzioni coordinanti possono unire più elementi in una frase oppure più frasi in un periodo, le congiunzioni subordinanti uniscono sempre le frasi in un periodo.

In base al tipo di rapporto che stabiliscono fra gli elementi che collegano, si distinguono i seguenti gruppi di congiunzioni subordinanti.

• **Temporali**: *Dobbiamo mettere i gerani nella serra* ***prima che*** *faccia troppo freddo.*
Indicano una circostanza di tempo. Ricordiamo fra le più usate: *quando, mentre, finché, appena, nel momento in cui, prima che, dopo che,* ecc.

• **Causali**: ***Siccome*** *erano emarginate, molte donne hanno abbandonato la politica.*
Indicano una causa, un motivo, una ragione. Ricordiamo fra le più usate: *perché, poiché, siccome, in quanto, dato che, dal momento che, per il fatto che,* ecc.

- La congiunzione ***perché*** è la più diffusa in qualunque livello di lingua.
- La congiunzione ***poiché*** è poco usata nel parlato, ma molto usata nello scritto.
- La congiunzione ***siccome***, molto presente nel parlato, si usa di solito quando si mette la causale prima della proposizione reggente ➡.

• **Dichiarative**: *Il giornale di oggi dice* ***che*** *domani il tempo sarà sereno.*
Introducono una dichiarazione. La più usata è *che*, ma è di uso abbastanza comune anche *come*.

• **Condizionali**: ***Purché*** *questo problema si risolva definitivamente, sono disposto a tutto.*
Indicano un'ipotesi, una condizione. Ricordiamo fra le più usate: *se, purché, qualora, a condizione che, a patto che,* ecc.
La proposizione condizionale introdotta da *se* insieme alla sua reggente prendono il nome di "periodo ipotetico". ***Se*** *ti va, possiamo andare a cena fuori.*

• **Finali**: *È importante l'impegno dei giovani* ***perché*** *si possa veramente realizzare l'unità europea.*
Indicano uno scopo, un fine, un'intenzione. La più usata è *perché*, mentre *affinché* si usa quasi esclusivamente nello scritto; molto usata è anche *che*.

• **Concessive**: ***Anche se*** *molti giovani in Italia vanno all'università, pochi arrivano alla laurea.*
Indicano una concessione, cioè introducono un fatto che potrebbe essere in contraddizione con quanto detto nella reggente, ma che non ne impedisce la realizzazione. Ricordiamo fra le più usate: *sebbene, benché, nonostante, per quanto, anche se,* ecc.

• **Consecutive**: *Il genio di Leonardo era* ***così*** *grande* ***che*** *ebbe risultati straordinari in molti campi.*
Indicano la conseguenza di quello che è stato detto nella principale. Sono spesso collegate con un termine antecedente che si trova nella proposizione principale. Ricordiamo fra le più usate: *così ... che, tanto ... che, a tal punto che*, ecc.

• **Interrogative indirette**: *Non so* ***quanto*** *ti convenga trasferirti a Milano.*
Indicano una domanda indiretta, un dubbio. Ricordiamo fra le più usate: *se, come, perché, quanto, quando*, ecc.

• **Avversative**: *Dovresti studiare molte ore per passare l'esame,* ***mentre*** *vai sempre fuori.*
Indicano una contrapposizione. Ricordiamo fra le più usate: *mentre, quando, laddove*, ecc.

• **Modali**: *Avresti fatto bene a fare* ***come*** *ti dicevano i tuoi genitori.*
Indicano il modo in cui si svolge un'azione. Ricordiamo fra le più usate: *come, come se, nel modo che*, ecc.

• **Comparative**: *Perugia mi è sembrata* ***meno*** *bella* ***di come*** *mi era stata descritta.*
Indicano un paragone. Sono spesso collegate con un termine antecedente che si trova nella proposizione principale. Ricordiamo fra le più usate: *come, così ... come, più ... di quanto, meno ... di quanto, più ... di come, meno ... di come, tanto ... quanto, tanto più ... quanto meno, meglio che*, ecc.

• **Eccettuative**, **esclusive**, **limitative**: *Devi prendere il treno delle sette,* ***a meno che*** *tu non voglia andare a Pisa la sera prima.*
Indicano un'eccezione, un'esclusione, una limitazione. Ricordiamo fra le più usate: *fuorché, che, salvo che, eccetto che, a meno che, per quanto, per quello che*, ecc.

Osservazioni sulle congiunzioni subordinanti

Tra le congiunzioni subordinanti ce ne sono alcune, come *finché, sebbene, affinché*, ecc., che hanno un solo valore specifico, ma ce ne sono altre più generiche, che possono avere diverse funzioni.

• La congiunzione ***che*** può avere le seguenti funzioni.
- **Temporale**: *Sono due anni* ***che*** *non ho visto Lorenzo.*
- **Causale**: *Sbrigati,* ***che*** *facciamo tardi al cinema.*
- **Dichiarativa**: *Hanno detto* ***che*** *questa estate sarà molto calda.*
- **Finale**: *Voglio gridare,* ***che*** *tutti sappiano quanto sono felice.*
- **Consecutiva**: *Questa valigia è così pesante* ***che*** *non riesco a sollevarla.*
- **Comparativa**: *È meglio uscire di casa un po' prima* ***che*** *rischiare di perdere l'autobus.*
- **Eccettuativa**: *Oggi non ho fatto altro* ***che*** *rispondere al telefono.*
- **Limitativa**: ***Che*** *io sappia, il Presidente del Senato non è ancora stato eletto.*

Ricordiamo che il *che* è anche pronome relativo e, come tale, è talvolta usato anche al posto del *cui*. È inoltre pronome o aggettivo interrogativo, pronome o aggettivo esclamativo ed è presente in numerosissime locuzioni congiuntive come *dato che*, *dal momento che*, *a meno che*, ecc.

• La congiunzione ***quando*** può avere le seguenti funzioni.
- **Temporale**: *Non mi piace uscire* ***quando*** *tira vento.*
- **Causale**: *È inutile inventare delle storie* ***quando*** *sappiamo bene come sono andate le cose.*
- **Condizionale**: *Intanto cercate di fare da soli: vi aiuterò* ***quando*** *fosse necessario.*
- **Interrogativa indiretta**: *Non so proprio* ***quando*** *Antonietta abbia intenzione di tornare.*
- **Avversativa**: *Continui a negare* ***quando*** *sai benissimo di essere in colpa.*

• La congiunzione ***perché*** può avere le seguenti funzioni.
- **Causale**: *Ho mal di testa* ***perché*** *questa notte non ho dormito.*
- **Finale**: *Oggi faremo degli esercizi sulle congiunzioni* ***perché*** *impariate ad usarle bene.*
- **Consecutiva**: *Questa notizia è troppo bella* ***perché*** *sia vera.*
- **Interrogativa indiretta**: *Non capisco* ***perché*** *tu sia sempre scontento.*

• La congiunzione ***se*** può avere le seguenti funzioni.
- **Causale**: ***Se*** *Anna Maria non viene alla festa, significa che sta proprio male.*
- **Condizionale**: ***Se*** *foste stati attenti avreste capito la lezione.*
- **Concessiva**: *Non farei una cosa simile nemmeno* ***se*** *mi regalassero tutto l'oro del mondo.*
- **Interrogativa indiretta**: *Non so* ***se*** *mi convenga prendere il treno per andare a Parigi.*

- La congiunzione ***mentre*** può avere le seguenti funzioni.

– **Temporale**: *Mi piace ascoltare la musica classica* ***mentre*** *lavoro.*
– **Avversativa**: *Di solito spendiamo molto per il telefono* ***mentre*** *questo mese abbiamo speso poco.*

- La congiunzione ***come*** può avere le seguenti funzioni.

– **Temporale**: ***Come*** *vado a letto, comincio a tossire.*
– **Dichiarativa**: *Luisa ci ha raccontato* ***come*** *non sia stato facile superare la crisi.*
– **Interrogativa indiretta**: *Mi chiedo sempre* ***come*** *tu faccia ad essere così forte.*
– **Modale**: *Fate* ***come*** *vi pare, ma smettete di discutere.*
– **Comparativa**: *L'italiano non è così facile* ***come*** *dicono.*

21 La frase semplice e la frase complessa

1. *Alle cinque Marco guarda la televisione.*
2. *Marco lavora.*
3. *Piove.*
4. ***Alle cinque Marco guarda la televisione** e si prepara il tè.*
5. ***Alle cinque**, quando finisce di lavorare, **Marco guarda la televisione**.*

• La **frase semplice** o **proposizione semplice** è un'unità autonoma della comunicazione dotata di senso, in genere formata da più di due parole (**1**), anche se ci sono frasi semplici formate solo da due parole, un soggetto e un predicato (**2**) o addirittura dal solo predicato (**3**).
La frase semplice si chiama anche **indipendente**, perché non dipende da nessun'altra proposizione.
Le frasi semplici hanno di solito un **predicato**, cioè un verbo e per questo si chiamano **frasi verbali**.
Ci possono tuttavia essere delle frasi **senza verbo** che si chiamano **frasi nominali** che si usano soprattutto nella lingua parlata e nei titoli dei giornali: *Dalle cinque di oggi sciopero dei ferrovieri.*
Altri tipi di frasi molto usate nella lingua parlata sono le frasi di una sola parola: *Come è andato l'esame? -* ***Bene.***

• La **frase complessa** o **periodo** è una frase formata da due o più proposizioni collegate fra loro attraverso vari tipi di legami (**4**, **5**).
In ogni frase complessa c'è **sempre una proposizione autonoma** dal punto di vista sintattico, e talvolta anche dal punto di vista del significato, che potrebbe stare da sola come una frase semplice. Questa proposizione è l'elemento più importante della frase complessa, assolutamente necessario alla sua costruzione: per questo, oltre che proposizione **indipendente** si chiama anche proposizione **principale**. Le proposizioni diverse dalla principale si chiamano genericamente proposizioni **secondarie**.

In una frase complessa le varie proposizioni si collegano alla principale in due modi:
- per **coordinazione**, quando le proposizioni rimangono autonome le une rispetto alle altre (**4**); le proposizioni secondarie collegate per coordinazione si chiamano **coordinate**.
- per **subordinazione**, quando le proposizioni dipendono dalla principale o le une dalle altre (**5**); le proposizioni secondarie collegate per subordinazione si chiamano **subordinate** o **dipendenti**, le proposizioni da cui una subordinata dipende si chiamano genericamente **reggenti**.

Meccanismi espressivi della struttura della frase

1. *Marina vuole andare a Parigi.*

• Nella struttura della frase di solito si ha l'ordine soggetto + predicato + complementi. Questo modo di ordinare le parole nella frase non ha nessun valore particolare dal punto di vista espressivo e si chiama **costruzione diretta** (**1**).

• Nella struttura della frase si possono mettere le parole in un ordine diverso da quello diretto, per dare più **enfasi** alla comunicazione, dare uno speciale rilievo a un elemento della frase, suggerire una particolare interpretazione.
Questi effetti si possono ottenere:
- spostando al primo posto il complemento (l'oggetto, il luogo, ecc. di cui si parla); questo meccanismo si chiama **dislocazione a sinistra** ⇨: *A Parigi,* ***ci*** *vuole andare Marina.*
- spostando al primo posto il verbo e mettendo alla fine il complemento, dopo una pausa; questo meccanismo si chiama **dislocazione a destra** ⇨: ***Ci*** *vuole andare Marina, a Parigi.*

In tutti e due i casi il verbo deve essere preceduto da un pronome che riprende l'oggetto o il luogo, ecc. di cui si parla.

• Un altro tipo di struttura della frase che serve a richiamare l'attenzione (di chi ascolta o legge) su un elemento particolare della comunicazione è quella che si chiama **frase scissa** o **frase spezzata** ⇨. In questo caso una sola frase viene spezzata in due frasi diverse.
L'elemento che si vuole mettere in evidenza viene unito al verbo essere, forma la proposizione principale e occupa la prima posizione; il resto della frase diventa una proposizione secondaria subordinata introdotta da **che**: *È Marina* ***che vuole andare a Parigi****. / È a Parigi* ***che vuole andare Marina****.*

22 La coordinazione

1. *Stamattina mi sono alzata presto,* ***ho preso un caffè, mi sono messa a lavorare***.
2. *Oggi sono stanca* ***e non mi sento bene***.
3. *La mattina mi alzo presto, perché non ho sonno* ***e perché mi piace vedere l'alba***.

Due o più proposizioni si dicono **coordinate** quando sono collegate fra loro in modo che ciascuna mantiene la propria autonomia dal punto di vista della sintassi e del significato. Le proposizioni coordinate possono essere collegate:
- semplicemente con i segni di interpunzione, **senza** alcuna congiunzione (**1**).
- attraverso le **congiunzioni coordinanti** ⇒ (**2**, **3**), ed è questo il caso più frequente.

Ci può essere coordinazione fra proposizioni **indipendenti** (**1**, **2**) oppure fra proposizioni **subordinate** (**3**).

Quando le proposizioni coordinate fra loro sono subordinate e sono introdotte da una congiunzione subordinante, molto spesso la congiunzione subordinante si mette solo davanti alla prima proposizione e non si ripete davanti alle successive coordinate: *Non so se domenica andrò al mare* ***o (se) starò a casa a sistemare il giardino***.

Tipi di proposizioni coordinate

Secondo il tipo di rapporto che si stabilisce fra le proposizioni coordinate si distinguono i seguenti tipi di coordinazione.

- La **coordinazione copulativa**: *Partirò martedì* ***e tornerò sabato***.

Accosta semplicemente le proposizioni l'una all'altra, senza stabilire fra di loro nessun rapporto particolare.
Si usano le congiunzioni copulative ***e***, ***anche***, ***pure***, ***inoltre***, ***né***, ***neanche***, ***neppure***, ecc.

- La **coordinazione disgiuntiva**: *Vuoi un caffè* ***o preferisci un cappuccino****?*
Indica che tra le proposizioni collegate c'è un rapporto di esclusione reciproca.
Si usano le congiunzioni disgiuntive ***o***, ***oppure***, ecc.

- La **coordinazione avversativa**: *Ti ho telefonato alle tre,* ***ma eri già uscito***.
Indica che tra le proposizioni collegate c'è un rapporto di contrapposizione.
Si usano le congiunzioni avversative ***ma***, ***però***, ***tuttavia***, ***eppure***, ecc.

- La **coordinazione dichiarativa** o **esplicativa**: *Conosco bene l'italiano,* ***infatti l'ho insegnato per molti anni***.
È un tipo di coordinazione in cui la seconda proposizione conferma, spiega, precisa quello che si dice nella prima.
Si usano le congiunzioni esplicative ***infatti***, ***cioè***, ecc.

- La **coordinazione conclusiva**: *Avete avuto molto dalla vita,* ***quindi cercate di essere contenti***.
È un tipo di coordinazione in cui la seconda proposizione spiega o conclude quello che si dice nella prima.
Si usano le congiunzioni conclusive ***dunque***, ***quindi***, ***perciò***, ecc.

23 La subordinazione

1. ***Quando lavoro***, *mi piace ascoltare la musica.*
2. *Non credo* ***che otterrai nulla*****,* ***se ti comporti così*******

In una frase complessa una proposizione si dice **subordinata** quando è collegata ad un'altra in modo che non può stare da sola. Una proposizione subordinata dipende, sia sintatticamente sia per il significato, da un'altra proposizione, detta appunto **reggente**. Una subordinata può dipendere direttamente dalla proposizione principale (**1**, **2***) o da un'altra proposizione subordinata (**2****).

Forma delle proposizioni subordinate

1. *Credo* ***che dovresti studiare di più****.*
2. ***Superato l'esame di lingua****, potrò concedermi qualche giorno di vacanza.*

Le proposizioni subordinate possono avere forma **esplicita** o forma **implicita**.

- Una proposizione subordinata ha forma **esplicita** quando è espressa con un verbo di modo finito: **indicativo**, **congiuntivo**, **condizionale** (**1**).
- Una proposizione subordinata ha forma **implicita** quando è espressa con un verbo di modo infinito: **infinito**, **gerundio**, **participio** (**2**).

Ricordiamo che il modo imperativo non può mai essere usato in una proposizione subordinata.

• Le proposizioni **esplicite** descrivono l'azione attraverso indicazioni precise di tempo e di persona. Le congiunzioni ⇒ che introducono le proposizioni esplicite indicano la loro funzione precisa nella frase complessa di cui fanno parte.

• Le proposizioni **implicite** non sono introdotte da congiunzioni e danno indicazioni molto più sfumate.

Infatti una stessa forma implicita può avere funzioni diverse, talvolta non chiaramente deducibili dal contesto della frase complessa di cui fanno parte. Nella frase: ***Superato l'esame di lingua****, potrò concedermi qualche giorno di vacanza,* ad esempio, la forma implicita **Superato l'esame** può significare ***Quando avrò superato l'esame*** o ***Se avrò superato l'esame***.

- Nella maggior parte dei casi per poter esprimere una proposizione subordinata in forma implicita è necessario che il soggetto della subordinata sia uguale a quello della reggente.
- Quando il soggetto della subordinata e quello della reggente sono uguali o quando il soggetto è generico, l'uso della forma implicita è in genere più frequente di quello della forma esplicita: ***Sbagliando*** *si impara*.

Nel caso delle oggettive, soggettive, interrogative indirette e finali, si usano di preferenza le forme implicite, espresse con l'infinito da solo o con l'infinito preceduto da preposizione: *Carlo pensa* ***di partire*** *domani. / Riccardo si è impegnato molto* ***per superare*** *l'esame*.

Uso dei tempi verbali nelle proposizioni subordinate esplicite

1. *Ieri* ***pioveva****.*
2. *Ieri non sono uscito perché* ***pioveva****.*
3. *Non ricordo se ieri* ***pioveva****.*
4. *Gli esperti hanno detto che domani* ***pioverà****.*

• Nelle proposizioni subordinate i tempi dei verbi non esprimono un valore assoluto di **presente**, **passato** o **futuro** come accade nelle proposizioni semplici (**1**), ma un rapporto temporale di **contemporaneità** (**2**), **anteriorità** (**3**), **posteriorità** (**4**).

• Quando il verbo di una proposizione subordinata è al modo **indicativo**, il tempo è uguale a quello che avrebbe se la stessa proposizione fosse indipendente (**2**, **3**, **4**).

• Quando una proposizione subordinata richiede il verbo al modo **congiuntivo**, si seguono queste regole generali.

Per esprimere **contemporaneità**:

- si usa il **presente**, se nella proposizione reggente c'è un tempo presente o futuro: *Non voglio che tu* ***faccia*** *tardi. / Farò in modo che lui* ***si trovi*** *bene.*
- si usa l'**imperfetto**, se nella proposizione reggente c'è un tempo passato: *Non volevo che tu* ***facessi*** *tardi. / Ho fatto in modo che lui* ***si trovasse*** *bene.*

Per esprimere **anteriorità**:
- si usa il **passato**, se nella proposizione reggente c'è un tempo presente o futuro: *Penso che Cristiano* ***abbia perso*** *il treno.*
- si usa il **trapassato**, se nella proposizione reggente c'è un tempo passato: *Ho pensato che Cristiano* ***avesse perso*** *il treno.*

Per esprimere **posteriorità**:
- si usa il **presente** del congiuntivo o il **futuro** dell'**indicativo**, se nella proposizione reggente c'è un tempo presente o futuro: *Credo che Sara domani* ***vada*** *a sciare. / Credo che Sara domani* ***andrà*** *a sciare.*
- si usa il **passato** del **condizionale** se nella proposizione reggente c'è un tempo passato: *Ho pensato che Cristiano* ***avrebbe perso*** *il treno.*

- Ricordiamo che il **congiuntivo** si usa per indicare possibilità, desiderio, timore, comunicazione di un pensiero personale. Si usa soprattutto in proposizioni subordinate, dipendenti da verbi che indicano opinioni o sentimenti soggettivi. Nelle proposizioni indipendenti si usa nelle volitive e nelle interrogative dubitative: *Che Pietro* ***abbia*** *davvero ragione?*
- Ricordiamo che il **condizionale** è il modo dell'eventualità, della possibilità, subordinata ad una condizione. Si usa in molte frasi semplici e nelle proposizioni reggenti delle frasi condizionali, che hanno la subordinata al congiuntivo, introdotta da *se*: *Se tu studiassi* ***potresti*** *imparare bene l'italiano. / Se tu avessi studiato* ***avresti potuto*** *imparare bene l'italiano.*
- Ricordiamo inoltre che il **condizionale passato** esprime sempre la nozione di posteriorità rispetto ad un punto di vista collocato nel passato: *Credevo che in due mesi* ***avresti potuto*** *imparare l'italiano abbastanza bene.*

24 Le subordinate: causali, temporali, oggettive, soggettive

Le proposizioni causali

1. *Non ho finito di leggere il libro che mi hai regalato,* ***perché non mi piaceva***.
2. ***Dato che domani vai più tardi all'università****, potresti prima fare la spesa.*

Le **frasi**, o **proposizioni**, **causali** (**1**, **2**) indicano la causa per la quale avviene ciò che si dice nella proposizione reggente.

Uso delle congiunzioni e dei verbi nelle proposizioni causali

• Per introdurre una proposizione causale **esplicita** si usano **soprattutto** le congiunzioni ***perché***, ***siccome***, ***poiché***, e le locuzioni congiuntive ***dato che***, ***dal momento che***, ***in quanto***. Di solito si usa il verbo al modo **indicativo** (**1**, **2**).
- In una proposizione causale esplicita si può usare il modo **condizionale** per esprimere una causa possibile o desiderabile: *Ragazzi smettetela di fare confusione,* ***perché potrei arrabbiarmi***.
- Si usa il modo **congiuntivo** in frasi del tipo: *L'esame è andato male* ***non perché Luisa non avesse studiato, ma perché i test erano veramente troppo difficili***.

• La proposizione causale **implicita** si può esprimere:
- con la preposizione **per** + l'**infinito**: ***Per aver lasciato la macchina cinque minuti fuori posteggio****, ho preso la multa.*
- con il **gerundio**: ***Avendo fatto così tardi****, è meglio che prendiamo un taxi per andare alla stazione.*
- con il **participio passato**: ***Sconfitti alle ultime elezioni****, i partiti di centro sono andati all'opposizione.*

Le proposizioni temporali

1. *Ogni giorno,* ***quando vado al lavoro****, faccio sempre la stessa strada.*
2. *Luigi è arrivato pochi minuti* ***dopo che tu eri andato via****.*
3. ***Prima che finiscano le tue ferie****, cerca di venirmi a trovare.*

Le **proposizioni temporali** indicano una relazione di tempo con quanto avviene nella proposizione reggente. L'azione della proposizione reggente può essere **contemporanea** (**1**), **anteriore** (**3**) o **posteriore** (**2**) rispetto a quella della proposizione temporale.

Uso delle congiunzioni e dei verbi nelle proposizioni temporali

• Quando l'azione della reggente è **contemporanea**, per introdurre una proposizione temporale **esplicita** si usano soprattutto le congiunzioni ***mentre*** e ***quando*** e la locuzione congiuntiva ***nel momento che***. Si usa il verbo al modo **indicativo** (**1**).
- La forma **implicita** si esprime con il **gerundio presente**: ***Tornando a casa****, mi sono fermata al bar e ho incontrato Mario.*

• Quando l'azione della reggente è **posteriore**, per introdurre una proposizione temporale **esplicita** si usano soprattutto le locuzioni congiuntive ***dopo che*** e ***una volta che***. Si usa il verbo al modo **indicativo** (**2**).
Le congiunzioni ***appena*** e ***non appena*** indicano una rapida successione dei fatti, una posteriorità immediata: ***Appena arrivo a casa****, ti telefono.*
- La forma **implicita** si esprime con ***dopo*** + l'**infinito** o con il **participio passato**, talvolta preceduto da ***una volta***: ***Dopo aver letto questo racconto****, fate un riassunto. /* ***Una volta finita la scuola****, partiremo subito per il mare.*

• Quando l'azione della reggente è **anteriore**, per introdurre una proposizione temporale **esplicita** si usa la locuzione congiuntiva ***prima che***. Si usa il verbo al modo congiuntivo (**3**).
- La forma **implicita** si esprime con la locuzione congiuntiva ***prima di*** + l'**infinito**: *Ricordati di chiudere il gas,* ***prima di uscire di casa****.*

• Per indicare un punto di arrivo nel tempo si possono usare ***finché, fino a che, fino a quando*** + l'**indicativo** o il **congiuntivo**, oppure ***fino a*** + l'**infinito**: ***Finché non avrai finito i compiti****, non ti potrai muovere dal tavolino. / Fabio è uno che continua a mangiare dolci* ***fino a star male****.*

• Per esprimere **un'azione che si ripete più volte nel tempo**, sia quando c'è un rapporto di contemporaneità che di posteriorità e anteriorità, si usano le locuzioni congiuntive ***ogni volta che***, ***tutte le volte che*** e il modo **indicativo**: ***Tutte le volte che passo da via Andegari***, *ti penso.*

Le proposizioni oggettive

1. *Vedo* ***che avete già finito di lavorare***.
2. *Ho l'impressione* ***di averlo già visto da qualche parte***.
3. *Sono molto felice* ***di conoscerLa***!

Le **proposizioni oggettive** (**1**, **2**, **3**) svolgono la funzione di complemento oggetto della proposizione reggente.
Le proposizioni oggettive possono dipendere da un verbo (**1**), da un nome (**2**) o da un aggettivo (**3**).

Uso delle congiunzioni e dei verbi nelle proposizioni oggettive

• Per introdurre una proposizione oggettiva **esplicita** si usa la congiunzione ***che***. Si può usare il verbo al modo **indicativo** o **congiuntivo** o **condizionale**.

- Si usa il modo **indicativo** quando l'oggettiva dipende da un verbo o da un'espressione che esprime certezza, realtà: *Sono sicuro* ***che andrà tutto bene***.
- Si usa il modo **congiuntivo** quando l'oggettiva dipende da un verbo o da un'espressione che esprime volontà, aspettativa, opinione, persuasione, come ad esempio con i verbi *chiedere, credere, desiderare, dubitare, ordinare, permettere, sperare, temere, volere*, ecc.: *Vorrei proprio* ***che tu fossi felice***.
  Si usa il congiuntivo anche quando l'oggettiva dipende da un verbo che esprime certezza usato in forma negativa: *Non dico che* ***non sia un bel vestito***, *ma dico* ***che costa troppo***.

  Nella lingua parlata, con le proposizioni oggettive che richiederebbero l'uso del congiuntivo, si usa spesso l'**indicativo**: *Non dico* ***che non è un bel vestito***, *ma dico che costa troppo*.
- Si usa il modo **condizionale** quando l'oggettiva esprime un'azione legata ad un'ipotesi: *Credo* ***che faresti meglio ad andartene***, *se non vuoi incontrarlo.*

• La proposizione oggettiva **implicita** si esprime di solito con la preposizione ***di*** + l'**infinito**: *Sono contento* ***di essere venuto.*** Ci sono tuttavia dei casi in cui si esprime con ***a*** + l'**infinito**: ***Faresti bene a studiare*** *di più*. E dei casi in cui si esprime solamente con l'**infinito**: *Vedo i bambini* ***giocare nel prato***.

- Quando il soggetto della reggente è uguale a quello dell'oggettiva, la forma implicita è più usata di quella esplicita: *Credo* ***di aver capito****. / Pensate sempre* ***di avere ragione****.*
- Con i verbi *ordinare, chiedere, permettere, proibire* si può usare la forma implicita della proposizione oggettiva anche quando il soggetto della proposizione reggente non è uguale a quello dell'oggettiva: *Ti ordino* ***di andartene subito****.*

  In questo caso deve essere sempre espressa la persona a cui *si ordina, si chiede, si permette,* ecc. *Chiedo solo* ***che tu ti comporti bene****. /* ***Ti*** *chiedo solo* ***di comportarti bene****.*
- Con i verbi *ascoltare, sentire, guardare, vedere* si usa **quasi sempre** la forma implicita. La forma implicita con questi verbi si esprime solo con l'**infinito**: *Mi piace molto* ***sentire gli uccelli cantare****.*
- Con i verbi *cercare, finire, terminare, rifiutare, rifiutarsi, smettere, tentare, degnarsi, sentirsi, sforzarsi* si usa **sempre** la forma implicita. La forma implicita con questi verbi si esprime con ***di*** + l'**infinito**: *No, domani non esco: voglio* ***cercare di finire*** *la traduzione.*
- Con i verbi *provare, impegnarsi, fare bene, fare male* si usa **sempre** la forma implicita. La forma implicita con questi verbi si esprime con ***a*** + l'**infinito**: *No, domani non esco: voglio* ***provare a finire*** *la traduzione.*
- I due verbi *fare* e *lasciare,* quando reggono un'oggettiva, non hanno significato autonomo, ma modificano il valore del verbo della proposizione oggettiva. Con questi due verbi si usa **quasi sempre** la forma implicita che si esprime solo con l'**infinito**, anche perché *fare* e *lasciare* seguiti da un infinito formano spesso espressioni fisse come *lasciare perdere, lasciare stare, far fare, fare vedere, fare capire,* ecc.: *Buongiorno Signora. Mi* ***fa vedere*** *la patente per favore? / Voglio* ***farmi fare*** *una composizione di piante verdi per il soggiorno.*

Le proposizioni soggettive

1. *Bisogna* ***che tu mi dica la verità****.*
2. *È l'ora* ***di finirla****.*
3. *È meglio* ***che partiamo subito****.*

Le **proposizioni soggettive** (**1**, **2**, **3**) svolgono la funzione di soggetto della proposizione reggente.
Le proposizioni soggettive possono dipendere da un verbo (**1**), da un nome (**2**) o da un aggettivo (**3**).

Uso delle congiunzioni e dei verbi nelle proposizioni soggettive

• La forma delle proposizioni soggettive, sia esplicite che implicite, è, in generale, del tutto simile a quella delle proposizioni oggettive. Ci sono tuttavia dei casi particolari.

• La proposizione soggettiva **esplicita** si esprime con il modo **congiuntivo**: quando dipende dai verbi *parere* e *sembrare*; quando dipende dai verbi che indicano necessità e convenienza come *bisogna, occorre, è necessario*, ecc.: *Mi sembrava* ***che Carlotta avesse ragione***. / *È necessario* ***che voi studiate i verbi irregolari***.

Ricordiamo le diverse costruzioni dei verbi ed espressioni che indicano necessità: *bisogna che facciamo un accordo*; *bisogna fare un accordo*; *c'è bisogno di fare un accordo*; *c'è bisogno di un accordo*; *è necessario che facciamo un accordo*; *è necessario fare un accordo*; *è necessario un accordo*; *occorre che facciamo un accordo*; *occorre fare un accordo*; *occorre un accordo*; *ci vuole un accordo*.

• La proposizione soggettiva **implicita** si esprime con **di** + l'**infinito** quando dipende dalle forme impersonali dei verbi come *si dice, si crede, si spera*, ecc. e dalle espressioni composte con il verbo *essere* + un nome, come *è ora /è l'ora, è tempo*, ecc.: *Si spera sempre* ***di stare meglio***. / *Sbrigatevi! Questa non è l'ora* ***di dormire***.
Si esprime solo con l'**infinito** quando dipende dai verbi che indicano necessità e convenienza e dalle espressioni composte con il verbo *essere* + un aggettivo, come *è meglio, è bene, è male*, ecc.: *È bene* ***dire sempre la verità***.

25 Le subordinate: relative, interrogative, indirette, condizionali

Le proposizioni relative

1. *Ho già letto tutti i libri* ***che mi avevi prestato****.*
2. *Mi capita spesso di pensare al giorno* ***in cui ti ho visto per la prima volta****.*
3. *Sei tu* ***che mi hai chiamato****?*

Le **proposizioni relative** (**1**, **2**, **3**) indicano una specificazione, una precisazione, un'aggiunta legata ad un elemento della proposizione reggente. L'elemento della proposizione reggente a cui si lega la relativa si chiama **antecedente** e può essere un nome (**1**, **2**) o un pronome (**3**).

Uso delle congiunzioni e dei verbi nelle proposizioni relative

• Per introdurre una proposizione relativa **esplicita** si usano i pronomi relativi ***che, il quale, cui***, ecc. Si può usare il verbo al modo **indicativo** o **congiuntivo** o **condizionale**.

– Si usa il modo **indicativo** per indicare un fatto reale, certo (**1**, **2**, **3**).
– Si usa il modo **congiuntivo** per indicare un fatto eventuale, possibile: *Sto cercando qualcuno* ***che sappia dirmi*** *come sono andati i fatti.*
– Si usa il modo **condizionale** per indicare un fatto desiderato: *Questo è un libro* ***che leggerei volentieri****.*

Poiché il pronome relativo sta sempre accanto all'elemento a cui si riferisce, una proposizione relativa può essere anche inserita all'interno della proposizione reggente: *Volevo dirti che il problema* ***di cui ti ho parlato ieri*** *è stato risolto.*

• La proposizione relativa **implicita** si esprime con la preposizione **a** + l'**infinito**: *Sono stato io* ***a lasciare la luce accesa****, perché sono stato l'ultimo* ***a uscire***.
La forma **implicita** delle proposizioni relative si usa soprattutto quando l'elemento a cui si riferisce il relativo è costituito da un pronome personale o indefinito, da un numerale ordinale, da un nome o aggettivo che indicano la posizione in una serie: *Simonetta è stata la prima* ***ad arrivare alla festa***.

Le proposizioni interrogative indirette

1. *Non capisco* ***perché Luigina parla sempre tanto***.
2. *Ho il dubbio* ***se partire domani o dopodomani***.

Le **proposizioni interrogative indirette** (**1**, **2**) indicano il contenuto di una domanda o di un dubbio che sono espressi attraverso il verbo della proposizione reggente.
Le proposizioni interrogative indirette possono dipendere da un verbo (**1**) o da un nome (**2**).

Uso delle congiunzioni e dei verbi nelle proposizioni interrogative indirette

• Per introdurre una interrogativa indiretta **esplicita** si usano gli stessi elementi che introducono un'interrogativa diretta ➔: ***chi***, ***che***, ***che cosa***, ***come***, ***quando***, ***dove***, ***quanto***, ***quale***, ***perché***, ecc. e la congiunzione **se**. Si può usare il verbo al modo **indicativo** o **congiuntivo** o **condizionale**.
- Si usa il modo **indicativo** soprattutto nella lingua parlata e nella lingua scritta meno formale (**1**).
- Si usa il modo **congiuntivo** soprattutto nella lingua scritta e nella lingua parlata più formale: *Non riesco a decidere* ***quale sia la cosa migliore per me***.
- Si usa il modo **condizionale** quando l'interrogativa indiretta esprime una domanda o un dubbio legati ad un'ipotesi: *Vorrei proprio capire* ***come ti saresti comportato al posto mio***.

• La proposizione interrogativa indiretta **implicita** si esprime con gli stessi elementi di quella esplicita (***chi***, ***che***, ***come***, ***se***, ecc.) + l'**infinito**: *Dateci un consiglio: non sappiamo* ***dove andare***.

• Quando una proposizione interrogativa indiretta propone una scelta fra due alternative, si introduce la prima con la congiunzione ***se*** e la seconda con le congiunzioni ***o***, ***oppure:*** *Diteci* ***se è tutto chiaro oppure no***.

Le proposizioni condizionali e il periodo ipotetico

1. ***Se non supero questo esame***, *non posso andare in vacanza.*
2. *Il mese prossimo andrò a Parigi,* ***se i miei genitori mi daranno il permesso***.

Le **proposizioni condizionali** (**1**, **2**) indicano la condizione dalla quale dipende o può dipendere ciò che si dice nella proposizione reggente.
Siccome il legame fra la reggente e la proposizione condizionale, anche per l'uso dei modi e dei tempi dei verbi, è molto stretto, si indica con il nome di **periodo ipotetico** una frase complessa formata da una proposizione reggente, detta **apodosi**, e da una proposizione subordinata condizionale, detta **protasi**.
Un frase come *Se non supero questo esame non posso andare in vacanza* è un periodo ipotetico di cui *non posso andare in vacanza* è l'apodosi e *Se non supero questo esame* è la protasi.

Uso delle congiunzioni e dei verbi nelle proposizioni condizionali

• Per introdurre una proposizione condizionale **esplicita** si usa molto spesso la congiunzione ***se***, ma si possono usare anche le congiunzioni ***qualora***, ***purché***, ***seppure***, ***semmai*** o le locuzioni congiuntive ***ammesso che***, ***a condizione che***, ***a patto che***, ***nell'eventualità che***, ecc.

• Quando la proposizione condizionale è introdotta dalla congiunzione ***se***, la proposizione reggente (apodosi) può avere il verbo all'**indicativo** (ipotesi reale) o al **condizionale** (ipotesi possibile o irreale): *Se c'è il sole domani* ***vado*** *al mare. / Se tu fossi stato più attento* ***avresti potuto*** *evitare quell'incidente.*
Nella proposizione condizionale (protasi) introdotta dalla congiunzione ***se*** si usano l'**indicativo** o il **congiuntivo**. In particolare:

- Si usa l'**indicativo presente** per esprimere un'ipotesi reale nel presente o nel futuro: in questo caso nella proposizione reggente si usa l'indicativo presente o futuro: ***Se non ti sbrighi***, *perdi il treno.*
- Si usa l'**indicativo futuro** per esprimere un'ipotesi reale nel futuro: in questo caso nella proposizione reggente si usa l'indicativo presente o futuro: ***Se fra sei mesi Davide avrà finito di fare gli esami***, *andrà in America.*
- Si usa il **congiuntivo imperfetto** per esprimere un'ipotesi possibile o irreale nel presente o nel futuro: in questo caso nella proposizione reggente si usa il condizionale presente: ***Se Giorgio si impegnasse***, *verrebbe promosso.*

– Si usa il **congiuntivo trapassato** per esprimere un'ipotesi possibile o irreale nel passato: in questo caso nella proposizione reggente si usa il condizionale passato: *Mi avrebbe fatto molto piacere,* ***se tu mi avessi detto la verità***.

Ricordiamo che quando la congiunzione **se** introduce una proposizione condizionale, dopo di essa non si può mai usare il modo condizionale. Si può usare invece quando la congiunzione **se** introduce un'interrogativa indiretta : *Se tornassi indietro non so* ***se farei*** *quello che ho fatto*.

Nella lingua parlata e nello scritto informale si usano spesso l'**indicativo imperfetto** e l'**indicativo trapassato prossimo** per indicare un'ipotesi possibile o irreale, nel presente o nel passato: ***Se arrivavi prima****, potevi cenare con noi. /* ***Se i ragazzi erano venuti con noi al cinema****, si erano divertiti*.

• Quando la proposizione condizionale è introdotta da congiunzioni diverse da *se* (***qualora***, ***purché***, ecc.) o dalle locuzioni congiuntive (***anche se***, ***ammesso che***, ecc.), che esprimono sempre condizioni possibili o irreali, nella proposizione reggente si può usare l'**indicativo** o il **condizionale**: ***Vengo*** *al cinema purché non facciamo troppo tardi. / Anche se gli parlassi io, non* ***riuscirei*** *a convincerlo*.

Nella proposizione condizionale introdotta da congiunzioni diverse da *se*, si usa sempre il **congiuntivo**. In particolare:

– Si usa il **congiuntivo presente** per indicare contemporaneità, soprattutto quando nella reggente c'è un verbo all'indicativo: *Signora, per questa volta non le faccio la multa,* ***purché la cosa non si ripeta***.
– Si usa il **congiuntivo imperfetto** per indicare contemporaneità, soprattutto quando nella reggente c'è un verbo al condizionale: ***Qualora tu non fossi promosso****, dovresti ripartire subito*.
– Si usa il **congiuntivo trapassato** per indicare anteriorità: ***Semmai non l'aveste capito****, vi ripeto che non potete uscire prima di due ore. /* ***Ammesso che fossi stato informato del problema****, avrei potuto cercare di risolverlo*.

• La proposizione condizionale **implicita** si può esprimere:

– con il **gerundio**: ***Stando a dieta per qualche giorno****, potresti rimetterti il vestito dell'anno scorso*.
– con il **participio passato**: ***Espressa in questi termini****, la vostra domanda non potrà essere accettata*.
– con **se** + il **participio passato**: *Molte malattie non sono mortali,* ***se curate in tempo***.
– con la preposizione **a** + l'**infinito**: ***A sentire i suoi amici****, Emanuele è una ragazzo molto disponibile*.

26 Le subordinate: finali, consecutive, concessive, comparative, modali

Le proposizioni finali

1. *Il direttore insisté molto* ***perché la scuola rimanesse aperta anche il pomeriggio***.
2. *Il ministro del Lavoro si sta adoperando* ***affinché si eviti lo sciopero generale***.
3. *Volevo scriverti da tempo* ***per ringraziarti del bel regalo***.

Le **proposizioni finali** (**1**, **2**, **3**) indicano il fine per il quale si compie l'azione della proposizione reggente.

Uso delle congiunzioni e dei verbi nelle proposizioni finali

• Per introdurre una proposizione finale **esplicita**, si usano le congiunzioni ***perché*** e ***affinché*** (**1**, **2**). Si usa sempre il modo **congiuntivo** (**1**, **2**).

• La proposizione finale **implicita** si può esprimere:
- con le preposizioni ***per, a, di, da*** + l'**infinito**: *Dobbiamo cercare di convincerlo* ***a non smettere di studiare***. / ***Per aiutare mia figlia nei compiti****, ho dovuto di nuovo studiare la storia.*
- con le locuzioni congiuntive ***allo scopo di, al fine di***, ecc. + l'**infinito**: *È stata fatta un'indagine* ***allo scopo di conoscere l'opinione della gente sul governo***.

- Ricordiamo che la congiunzione ***affinché*** si usa quasi solo nei testi scritti, soprattutto in quelli di carattere più formale.
- Nelle proposizioni finali la forma ***implicita*** è più frequente di quella esplicita. La forma

implicita è sempre usata quando la reggente e la finale hanno lo stesso soggetto o quando la finale ha un soggetto generico: *Questo è il modo migliore* ***per complicarsi la vita***.

- Sono molto frequenti i verbi di movimento che reggono proposizioni finali implicite con ***a*** + l'**infinito**: *Vado* ***a vedere che cosa è successo***. / *Va bene mamma: andiamo subito* ***a fare i compiti***.
- I verbi come *consigliare*, *pregare*, *supplicare* reggono invece proposizioni finali implicite con ***di*** + l'**infinito**: *Ragazzi, vi prego* ***di fare silenzio***. / *Ho consigliato ad Anna Maria* ***di comprare un'automobile nuova***.

Le proposizioni consecutive

1. *Non ho ancora finito i compiti,* **sicché devo restare a casa** *a studiare.*
2. *Ho mangiato così tanto a pranzo,* **che stasera non ho fame**.

Le **proposizioni consecutive** (**1**, **2**) indicano la conseguenza di ciò che si dice nella proposizione reggente.

Uso delle congiunzioni e dei verbi nelle proposizioni consecutive

- Per introdurre una proposizione consecutiva **esplicita** si usano **soprattutto** le congiunzioni ***cosicché***, ***sicché*** (**1**) o le locuzioni congiuntive ***di modo che, al punto che*** oppure la congiunzione ***che*** (**2**) quando nella reggente ci sono gli avverbi ***così***, ***tanto***, ***così tanto***, ecc. o gli aggettivi ***tale***, ***simile***, ecc..
Di solito si usa il verbo al modo **indicativo**.

- La proposizione consecutiva **implicita** si può esprimere:
  - con le preposizioni **da**, **per** + l'**infinito**: *Ieri faceva un freddo* ***da morire***, *un freddo tale* ***da non poter proprio uscire di casa***.
  - con le espressioni ***degno di***, ***indegno di*** + l'**infinito**: *Questo argomento non è degno* ***di essere trattato in questa sede***.

- In una proposizione consecutiva esplicita si usa il modo **condizionale** quando si vuole esprimere una conseguenza potenziale, ipotetica: *Cosimo è buono* ***al punto che non farebbe male neppure a una mosca***.
- Si usa il modo **congiuntivo** quando si vuole esprimere una conseguenza possibile, ma non certa, e soprattutto quando la consecutiva è introdotta dalle locuzioni ***in modo che***, ***di modo che***: *Voglio gridare così forte* ***in modo che mi possano sentire da tutta la città***.

Le proposizioni concessive

1. ***Benché piovesse a dirotto,*** *mi preparai ed uscii.*
2. ***Anche se ero appena rientrata a casa,*** *decisi di andare a prendere Anna.*
3. ***Qualunque cosa tu dica,*** *sono certa che non riuscirai a convincermi.*

Le **proposizioni concessive** (**1**, **2**, **3**) indicano una condizione che non influisce su ciò che si dice nella proposizione reggente.

Uso delle congiunzioni e dei verbi nelle proposizioni concessive

• Per introdurre una proposizione concessiva **esplicita** si usano **soprattutto** le congiunzioni ***benché***, ***sebbene*** (**1**); le locuzioni congiuntive ***anche se***, ***nonostante che***, ***malgrado che*** (**2**); i pronomi e aggettivi indefiniti ➔ ***qualunque***, ***chiunque*** (**3**).
Si usa generalmente il verbo al modo **congiuntivo** (**1**, **3**). Con la congiunzione ***anche se*** si usa il verbo al modo **indicativo** (**2**).

• La proposizione concessiva **implicita** si può esprimere:
- con la congiunzione ***pur*** + il **gerundio**: *La mattina bisogna mangiare,* ***pur non avendo fame***.
- con la locuzione ***a costo di*** + l'**infinito**: *Devo finire questo lavoro,* ***a costo di impiegarci tutta la notte***.

Le proposizioni comparative

1. *L'esame non è stato* ***così*** *difficile* ***come mi avevi detto***.
2. *Il bambino di Giovanna è* ***più*** *alto* ***di quanto mi sarei aspettata***.
3. *Questa estate, in Italia, ha fatto* ***meno*** *caldo* ***di quello che credevo***.

Le **proposizioni comparative** (**1**, **2**, **3**) indicano un paragone rispetto a ciò che si dice nella proposizione reggente.

Uso delle congiunzioni e dei verbi nelle proposizioni comparative

• Le proposizioni comparative possono essere di **uguaglianza**, di **maggioranza**, di **minoranza**.
- Per introdurre una proposizione comparativa **esplicita di uguaglianza** si usa ***così*** ... ***come***, ***tanto*** ... ***quanto***, ***tale*** ... ***quale*** (**1**).

– Per introdurre una proposizione comparativa **esplicita di maggioranza** si usa ***più*** ... ***di quanto, più*** ... ***di come, più*** ... ***di quello che, più*** ... ***che*** (**2**).
– Per introdurre una proposizione comparativa **esplicita di minoranza** si usa ***meno*** ... ***di quanto, meno*** ... ***di come, meno*** ... ***di quello che, meno*** ... ***che*** (**3**).

• Nella proposizione comparativa di **uguaglianza** si usa il modo **indicativo** (**1**) o il modo **condizionale**. Si usa il modo condizionale quando si vuole esprimere un paragone ipotetico: *Ho sempre considerato mio nipote* ***così come avrei considerato mio figlio***.

• Nelle proposizioni comparative di **maggioranza** e di **minoranza** si usa:
– il modo **indicativo**: *L'esame è stato* ***meno difficile di come mi aspettavo***.
– il modo **condizionale**: *Ho finito il lavoro* ***più in fretta di quanto avrei sperato***.
– il modo **congiuntivo**: *La soluzione dei problemi ambientali è* ***più*** *difficile* ***di quanto non pensassimo***.

• Un tipo particolare di proposizione comparativa è la **comparativa ipotetica**. Per introdurre una comparativa ipotetica **esplicita** si usa la locuzione ***come se***. Si usa sempre il verbo al modo **congiuntivo**: *Marco ha continuato a parlare* ***come se tutti lo stessero ad ascoltare***.

• La proposizione comparativa **implicita** si esprime con le locuzioni ***più che, piuttosto di, piuttosto che*** + l'**infinito**: ***Piuttosto che dire delle bugie****, preferisco stare zitta.*

Nelle proposizioni comparative, escluse quelle in cui c'è *come*, il verbo può avere davanti l'avverbio ***non*** che ha in questo caso valore rafforzativo e non valore negativo: *Ho finito il lavoro* ***più in fretta di quanto non avrei sperato***.

Le proposizioni modali

1. *Il cane è scappato via* ***correndo il più velocemente possibile***.
2. *Se mi chiedi le cose* ***parlando sempre con un filo di voce****, non capisco nulla.*
3. *Il Rettore, nella riunione di ieri, ha cominciato* ***con l'annunciare le sue dimissioni***.

Le **proposizioni modali** (**1**, **2**, **3**) indicano il modo in cui si svolge l'azione espressa nella proposizione reggente.

Uso delle congiunzioni e dei verbi nelle proposizioni modali

● Le proposizioni modali hanno di solito forma **implicita** e si possono esprimere:
– con il **gerundio** (**1**, **2**);
– con la preposizione ***con*** + l'**infinito** (**3**).

● Per introdurre una proposizione modale di forma esplicita si usano ***come***, ***come se***, ***nel modo che***, ecc. e il verbo al modo **indicativo** (realtà) o al **congiuntivo** (possibilità o irrealtà): *Fai* ***come*** *ti pare. / Fai* ***come se*** *niente fosse.*

27 Le subordinate: avversative, limitative, esclusive, aggiuntive. Le frasi incidentali

Le proposizioni avversative

1. *Credevo che Rosanna non avesse figli,* ***mentre ne ha uno di vent'anni***.
2. *Laura,* ***invece di essere contenta****, si lamenta in continuazione.*

Le **proposizioni avversative** (**1**, **2**) indicano una situazione o una condizione che è opposta a quella della proposizione principale.

Uso delle congiunzioni e dei verbi nelle proposizioni avversative

• Per introdurre una proposizione avversativa **esplicita** si usano le congiunzioni ***quando, mentre*** (**1**), e le locuzioni congiuntive ***quando invece, mentre invece***. Si usa il verbo al modo:
- **indicativo**: *Ho sempre avuto fiducia in Luca,* **mentre invece mi sbagliavo.**
- **condizionale**: *Vai sempre in giro,* ***mentre invece dovresti studiare***.

• La proposizione avversativa **implicita** si esprime con le locuzioni ***invece di*** + l'**infinito** (**2**) o ***anziché*** + l'**infinito:** *Faresti meglio a stare zitta* ***anziché parlare sempre male di tutti***.

Le proposizioni limitative

1. ***Per quanto riguarda la temperatura****, sarà in aumento su tutte le regioni.*
2. *No,* ***per quanto io ne sappia****, il bando di concorso non è ancora uscito.*

Le **proposizioni limitative** (**1**, **2**) indicano una limitazione rispetto a ciò che si dice nella proposizione reggente.

Uso delle congiunzioni e dei verbi nelle proposizioni limitative

- Per introdurre una proposizione limitativa **esplicita** si usano le locuzioni ***per quanto, per quello che***.

Si usa soprattutto il modo **indicativo** (**1**), ma si può usare anche il **congiuntivo** (**2**) e il **condizionale**: ***Per quanto io potrei decidere***, *non rinnoverei quel contratto.*

Sia nella lingua parlata che, soprattutto nei testi scritti di tipo informativo-esplicativo, scientifico, giuridico, ecc., sono molto comuni le espressioni limitative ***per quanto riguarda***, ***per quanto concerne***, ***per quanto si riferisce a***: ***Per quanto si riferisce al*** *secondo articolo della legge 153/71, si precisa quanto segue.*

- La proposizione limitativa **implicita** si esprime con ***in quanto a***, ***quanto a*** + l'**infinito**: *Il bambino di Gianna è molto bello, ma è un po' indietro* ***quanto a parlare***.

Le proposizioni esclusive

1. *I ladri sono entrati in casa* ***senza che ce ne accorgessimo***.
2. *Paola se n'è andata* ***senza salutare nessuno***.

Le **proposizioni esclusive** (**1**, **2**) indicano un'esclusione rispetto a ciò che si dice nella proposizione reggente.

Uso delle congiunzioni e dei verbi nelle proposizioni esclusive

- Per introdurre una proposizione esclusiva **esplicita** si usa la locuzione congiuntiva ***senza che*** e il verbo al modo **congiuntivo** (**1**).

- La proposizione esclusiva **implicita** si esprime con ***senza*** + l'**infinito** (**2**): *Fai sempre le cose* ***senza dirmi niente***!

Le proposizioni aggiuntive

1. *Fabio* ***oltre a essere poco intelligente***, *è anche molto antipatico.*

2. *Che ti ha raccontato Maria,* ***oltre che riferirti i soliti pettegolezzi?***

Le **proposizioni aggiuntive** (1, 2) indicano un'aggiunta rispetto a quanto si dice nella proposizione reggente.

Uso delle congiunzioni e dei verbi nelle proposizioni aggiuntive

- La proposizione aggiuntiva è **sempre** di forma **implicita** e si esprime con:
- ***oltre a*** + l'**infinito** (1): *Emanuele,* ***oltre a farmi arrabbiare per lo studio,*** *mi dà anche altre preoccupazioni.*
- ***oltre che*** + l'**infinito** (2): ***Oltre che rivedere i testi per gli esami*** *cos'altro devo fare?*

Le proposizioni incidentali

1. *In questo gruppo,* ***mi sembra,*** *non sono molti quelli a cui piace andare al cinema.*
2. *Mario –* ***dicono tutti*** *– è molto bravo a giocare a tennis.*

- Le **proposizioni incidentali** (1, 2) sono frasi che si trovano inserite all'interno di un'altra proposizione come un inciso, una frattura, e non hanno nessun legame sintattico con la proposizione in cui sono inserite.

Hanno lo scopo di attenuare o sottolineare quello che si dice nella proposizione in cui sono inserite.

28 Il discorso diretto e il discorso indiretto

1. *La mamma ci ha raccontato una fiaba e poi ci ha detto: - Chiudete gli occhi e dormite.*
2. *Pietro ha chiesto alla professoressa: "Posso uscire?"*
3. *La mamma ci ha raccontato una fiaba e poi ci ha detto* ***di chiudere gli occhi e di dormire.***
4. *Pietro ha chiesto alla professoressa* ***se poteva uscire***.

Quando dobbiamo riferire le parole o il pensiero di qualcuno possiamo usare due mezzi: il **discorso diretto** o il **discorso indiretto**.

- Il **discorso diretto** è la riproduzione fedele di quello che viene detto o pensato da qualcuno (**1**, **2**).

Il discorso diretto è in genere introdotto da un verbo di significato dichiarativo, come *dire, domandare, rispondere, pensare*.
Nella scrittura il discorso diretto è segnalato da specifici segni grafici: trattini o virgolette.

- Il **discorso indiretto** è la parafrasi di quello che viene detto o pensato da qualcuno, fatta dal narratore.

Dal punto di vista sintattico il discorso indiretto si esprime di solito con una proposizione oggettiva (**3**) ➔ o interrogativa indiretta (**4**) ➔, che dipende da un verbo di significato dichiarativo.

Passaggio dal discorso diretto a quello indiretto

Per passare dal discorso diretto al discorso indiretto si devono seguire le seguenti regole.

● La frase indipendente, che riporta direttamente le parole di qualcuno, diventa una frase subordinata che dipende da verbi come *dire, rispondere, ripetere,* ecc. Può essere un'oggettiva introdotta da *che* o un'interrogativa indiretta introdotta da *se, quando, dove, perché,* ecc.

● Quando il verbo della proposizione reggente è al **presente** o al **futuro** non si fa nessun cambiamento nei tempi della subordinata: *Arrivati a questo punto dico: "Me ne vado!" = Arrivati a questo punto dico che me ne vado.*

● Quando il verbo della proposizione reggente è al **passato** si devono fare i seguenti cambiamenti.
- L'**indicativo presente** nel discorso diretto diventa **indicativo imperfetto** nel discorso indiretto: *Arrivati a quel punto dissi: "**Me ne vado**!" = Arrivati a quel punto dissi che **me ne andavo**.*
- L'**indicativo** ad un tempo **passato** nel discorso diretto diventa **indicativo trapassato prossimo** nel discorso indiretto: *Guglielmo ha detto: "**Non ce la facevo più e me ne sono andato**." = Guglielmo ha detto che **non ce l'aveva fatta più e che se ne era andato**.*
- L'**indicativo futuro** (o un indicativo presente con valore di futuro) nel discorso diretto diventa **condizionale passato** nel discorso indiretto: *Guglielmo ha detto: "**Me ne andrò**." = Guglielmo ha detto che **se ne sarebbe andato**.*

● L'**imperativo** nel discorso diretto diventa **congiuntivo imperfetto** nel discorso indiretto: *Guglielmo ha perso la pazienza e ha detto a Pietro: "**Vai via**!" = Guglielmo ha perso la pazienza e ha detto a Pietro che **andasse via**.*

Quando in un discorso diretto che dipende da un tempo passato c'è un imperativo, nel discorso indiretto si può anche avere il verbo *dovere* all'imperfetto indicativo: *Guglielmo ha perso la pazienza e ha detto a Pietro che **doveva andare via**.*

● Quando i **verbi** del discorso diretto sono alla **1ª** o **2ª persona** e il verbo della reggente è alla **3ª persona**, nel discorso indiretto i verbi si cambiano alla 3ª persona. Si cambiano anche i pronomi personali e i possessivi: *Guglielmo ha perso la pazienza e ha detto: "**Io me ne vado, sono costretto a lasciare il mio lavoro**." = Guglielmo ha perso la pazienza e ha detto che **lui se ne andava, che era costretto a lasciare il suo lavoro**.*

● Il dimostrativo ***questo*** nel discorso diretto diventa ***quello*** nel discorso indiretto; l'avverbio di luogo ***qui*** diventa ***lì***; gli avverbi di tempo ***ora***, ***oggi***, ***ieri***, ***domani***, ecc. diventano rispettivamente ***allora***, ***quel giorno***, ***il giorno prima***,

il giorno dopo: *Alla fine Guglielmo disse: "Non ne posso più; se domani questo problema non si è risolto me ne vado"* = *Alla fine Guglielmo disse* **che non ne poteva più e che se il giorno dopo non si fosse risolto quel problema, se ne sarebbe andato.**

- Nella trasformazione del discorso diretto in discorso indiretto, spesso si possono utilizzare anche le forme implicite delle proposizioni subordinate: *Guglielmo ha detto: "**Non ce la faccio più**"* = *Guglielmo ha detto* ***di non farcela più***.

29 La formazione delle parole

1. *Questo lavoro è noioso: bisogna scrivere e* ***riscrivere*** *sempre le stesse cose.*

La **formazione delle parole** è un insieme di meccanismi attraverso i quali è possibile modificare una parola creandone un'altra con l'aggiunta di altri elementi.
Nella parola "riscrivere" *scrivere* è la parola di base; *ri-* è l'elemento che l'ha modificata e ha permesso di creare una nuova parola a partire da *scrivere*.
I meccanismi di formazione riguardano soprattutto i nomi, gli aggettivi e i verbi. Riguardano, in parte, anche gli avverbi: aggiungendo il suffisso *-mente* al femminile degli aggettivi qualificativi si ottengono infatti degli avverbi di modo ➔: *sicuro* → *sicura-mente*.

I meccanismi di formazione delle parole in italiano sono i seguenti:
- **suffissazione**: *convers**are*** → *convers**azione***
- **alterazione**: *piccolo* → *piccol**ino***
- **prefissazione**: *comparire* → ***s**comparire* → ***ri**comparire; colto* → ***semi**colto*
- **composizione**: *capo* + *stazione* → ***capostazione***.

Nella **suffissazione**, nell'**alterazione**, nella **prefissazione** si uniscono una parola e un elemento che da solo non ha in genere autonomia e che può essere un **suffisso** (elemento che si aggiunge alla fine della parola base) o un **prefisso** (elemento che si aggiunge all'inizio della parola base). Ad esempio, *amare* è una parola con un significato proprio ed è usata liberamente; il suffisso *-bile* non è usato da solo; *amare* + *bile* produce la parola *amabile*, che indica qualcuno o qualcosa "che può essere amato, che suscita amore".
Nella **composizione** si uniscono due parole che hanno autonomia e significato proprio, come in *capostazione*, composta da *capo* + *stazione*.

I suffissi

1. *Clara è una ragazza di una* **bellezza** *straordinaria ed è anche molto* **amabile**.

Il meccanismo della **suffissazione** è uno dei più usati nella formazione delle parole italiane: alla fine di una parola base si unisce un elemento, chiamato **suffisso**, che ha un certo valore e si forma un'altra parola.
Nella suffissazione la nuova parola può avere una categoria grammaticale diversa da quella della parola base.

Presentiamo i suffissi più produttivi, cioè capaci di produrre ancora oggi nuove parole italiane, con i loro valori più comuni e con alcuni esempi.

• I principali suffissi che producono **nomi da nomi** sono i seguenti:
-aio, ***-ario*** indicano nomi di mestieri: *fiore* → *fioraio, banca* → *bancario;*
-aiolo indica nomi di mestieri: *bosco* → *boscaiolo;*
-ame ha un valore collettivo: *pollo* → *pollame;*
-ata indica un'azione fatta con una parte del corpo: *occhio* → *occhiata;* un colpo dato o ricevuto con qualcosa: *pallone* → *pallonata*; una quantità non definita precisamente: *cucchiaio* → *cucchiaiata;*
-eria indica nomi di negozi: *latte* → *latteria;*
-eto indica un luogo dove si trovano specie vegetali: *arancio* → *aranceto;*
-iera indica oggetti: *zucchero* → *zuccheriera*
-ista è il suffisso più usato per indicare le professioni: *giornale* → *giornalista.*

• I principali suffissi che producono **nomi e aggettivi dai nomi di luogo** (città, nazioni, ecc.) sono i seguenti:
-ese: *Francia* → *francese;*
-ano: *Roma* → *romano;*
-ino: *Firenze* → *fiorentino;*
-iaco: *Austria* → *austriaco.*

• I principali suffissi che producono **nomi da aggettivi** sono i seguenti:
-eria indica il concetto astratto di una certa qualità: *porco* → *porcheria;*
-ezza, ***-izia*** indicano il concetto astratto di una certa qualità: *bello* → *bellezza, giusto* → *giustizia;*
-ia indica il concetto astratto di una certa qualità: *allegro* → *allegria;*
-ismo, ***-esimo*** indicano un atteggiamento o movimenti e correnti ideologiche o culturali: *pessimo* → *pessimismo, cristiano* → *cristianesimo;*
-ità, ***-età***, ***-tà*** indicano il concetto astratto di una certa qualità: *breve* → *brevità, umile* → *umiltà, complementare* → *complementarità;*
-itudine indica il concetto astratto di una certa qualità: *grato* → *gratitudine.*

• I principali suffissi che producono **nomi da verbi** sono i seguenti:
-***aggio*** spesso è usato con verbi in *-are* e indica operazioni tecniche: *montare* → *montaggio*; *lavare* → *lavaggio*;
-***anza***, -***enza*** indicano il concetto astratto; *ignorare* → *ignoranza*; *conoscere* → *conoscenza*;
-***ino***, -***ina*** indicano spesso la persona che svolge l'attività indicata dal verbo; *imbiancare* → *imbianchino*;
-***mento*** è molto frequente e indica un'azione, un effetto, un risultato; è preceduto da *a*- per i verbi in *-are*, da *i*- per in verbi in *-ere* e in *-ire*: *pagare* → *pagamento*, *svenire* → *svenimento*;
-***zione***, -***sione*** sono molto frequenti e indicano l'azione e il suo risultato: *colorare* → *colorazione*, *dividere* → *divisione*, *iscrivere* → *iscrizione*.

Derivano dai verbi anche alcuni nomi senza suffisso, chiamati nomi **a suffisso zero**: *allacciare* → *allaccio* (= "risultato dell'azione di allacciare"); *modificare* → *modifica* (= "risultato dell'azione di modificare").

• I principali suffissi che producono **aggettivi da nomi** sono i seguenti e indicano tutti una qualità che ha una relazione con il nome da cui derivano:
-**ale**: *forma* → *formale*; *posta* → *postale*;
-**are**: *sole* → *solare*;
-**ico**: *telefono* → *telefonico*;
-**ivo**: *abuso* → *abusivo*;
-**oso**: *crema* → *cremoso*;
-**ario**: *ferrovia* → *ferroviario*.

I principali suffissi che producono **aggettivi da verbi** sono i seguenti:
-**abile**, -**ibile** indica qualcosa o qualcuno "che può essere...": *amare* → *amabile* (= "che può essere amato"); *prevedere* → *prevedibile* ("che può essere previsto");
-**evole** ha valore attivo o passivo: *piacere* → *piacevole* (= "che piace"); *ammirare* → *ammirevole* (= "che è da ammirare").

• I principali suffissi che producono **verbi da nomi e da aggettivi** sono i seguenti:
-**are**: *bacio* → *baciare*;
-**ire**: *fiore* → *fiorire*;
-**ificare** indica un verbo che produce la caratteristica espressa dal nome o dall'aggettivo: *pari* → *parificare*; *elettrico* → *elettrificare*.

Gli alterati

1. *Eleonora ha trent'anni, ma talvolta si comporta proprio come una* ***ragazzina***.

L'**alterazione** è un meccanismo simile alla suffissazione. Nell'alterazione si aggiungono infatti suffissi a una parola base e in tal modo si producono nuove parole che hanno lo stesso significato sostanziale di quelle di partenza, ma che danno anche indicazioni particolari di **grandezza**, **piccolezza**, ecc. L'alterazione riguarda di fatto solo i nomi e gli aggettivi e non modifica la categoria grammaticale della parola base: i nomi rimangono nomi e gli aggettivi rimangono aggettivi.

- I tipi di suffissi più usati che producono le alterazioni sono i seguenti:

- **accrescitivi** (relativi alla dimensione, alla grandezza): ***-one*** /***-ona***: *ragazzone, casona*;
- **diminutivi** (relativi alla dimensione, alla piccolezza): ***-ino*** /***-ina***, ***-etto*** /***-etta***, ***-ello*** /***-ella***: *ragazzina, bacetto, alberello*;
- **peggiorativi** (relativi a un giudizio di valore): ***-accio*** /***-accia***, ***-astro*** /***-astra***: *ragazzaccia, biancastro*;
- **vezzeggiativi** (relativi alla affettuosità): ***-ello*** /***-ella***, ***-uccio*** /***-uccia***: *bambinella, cappelluccio*.

In alcuni casi si possono unire più suffissi di alterazione; ad esempio: *pacco* → *pacchetto* → *pacchettino*; *donna* → *donnetta* → *donnettina*.

I significati creati con l'alterazione sono comunque vaghi, molto legati a valori espressivi e valutativi che nascono nei singoli contesti di comunicazione. Nella creazione degli alterati c'è una certa libertà, ma bisogna fare attenzione perché non sempre è possibile aggiungere a una base un determinato suffisso, specialmente quando con una determinata suffissazione si ottiene una parola che già esiste, con un suo autonomo significato. È il caso, ad esempio, dell'alterazione diminutiva di *cane* che non può essere *canino* ed è *cagnolino*. Molte alterazioni hanno inoltre un alto valore di uso, si sono consolidate in una determinata forma e non ammettono varianti: *uomo* → *omino*, *ometto*, **ma non** *omello*; *donna* → *donnina*, *donnetta*, **ma non** *donnella*.

I prefissi

1. *Quest'anno è stato molto freddo: abbiamo portato il* ***soprabito*** *fino a maggio*.

La **prefissazione** è un meccanismo di formazione delle parole analogo, ma simmetrico alla suffissazione. Nella prefissazione un elemento viene messo all'inizio di una parola e forma una parola nuova; tale elemento è chiamato **prefisso**, e porta la funzione o il valore che è assunto dalla nuova parola.

Con il meccanismo della prefissazione la nuova parola ha la stessa categoria grammaticale della parola di partenza: i prefissi che si possono unire ai nomi o agli aggettivi formano nuovi nomi e nuovi aggettivi, i prefissi che si possono unire ai verbi formano nuovi verbi.
L'elemento che fa da prefisso può essere una parola autonoma (ad esempio, *sopra*, avverbio che può essere usato autonomamente o che può formare parole come *soprabito*) oppure una parola non autonoma (ad esempio, *para-*, che da solo non è usato, ma che può formare parole come *paramilitare*). Molti prefissi, come *neo-*, *post-*, *para-*, *ante-*, derivano dalla lingua latina o dal greco antico. Presentiamo i prefissi più produttivi, con i loro valori più comuni e con alcuni esempi.

- I principali **prefissi** che si uniscono a **nomi** e **aggettivi** sono i seguenti:

a-, **in-** indicano negazione: *amorale, innominato*; *in-* diventa *im-* davanti a *b, p, m* (*implume*), diventa *il-* davanti a *l* (*illegittimo*), diventa *ir-* davanti a *r* (*irregolare*); *a-* diventa *an-* davanti a vocale (*anemia*);
ante-, **anti-**, **avanti-**, **pre-** significa "posto prima di qualcosa", "che è davanti a qualcosa nel tempo o nello spazio": *antefatto, prebellico, anticamera*;
arci-, **super-**, **extra-**, **stra-**, **ultra- maxi-**, **mega-** indicano qualcosa di grande o di massimo grado: *maxiprocesso, arcimiliardario*;
ben(e)- indica una valutazione positiva: *bendisposto, benpensante*;
mal(e)- indica una valutazione negativa: *maldisposto, maleodorante*;
con-, **sin-** indicano compagnia, unione: *coinquilino, coautore, sincronia*; *con-* diventa *com-* davanti a *b, p, m* (*compaesano*), diventa *col-* o *cor-* davanti a *l* o *r* (*corrispondente*), diventa *co-* davanti a vocale (*coautore*);
contro-, **contra-**, **anti-** indica qualcosa che è contrario, "opposto a": *controcorrente, antibiotico*;
dis- indica negazione, peggioramento: *discontinuo* ("non continuo"), *disfunzione*.
extra- significa "fuori": *extraterritoriale*;
inter- indica collegamento fra due elementi, qualcosa che sta in mezzo: *interspaziale*; *internazionale*; *interscambiabile*;
iper- indica aumento, abbondanza: *ipertensione*;
intra-, **entro-** indica qualcosa che sta dentro, "all'interno di": *intramuscolare, entrobordo*;
mini- indica qualcosa di piccolo: *minigonna*;
multi-, **poli-** significa "molti, molto": *multilingue, poliglotta*;
neo- significa "nuovo, recente": *neologismo*, ("nuova parola");
oltre-, **ultra-**, **meta-** significa "oltre, al di là": *oltretomba, ultrasuono, metafisico*;
post- significa "dopo": *postoperatorio*;

retro- significa “dietro”: *retrobottega*;
s- indica negazione, e dà un valore contrario alla parola di base: *scontento*;
semi- indica un valore di “metà”: *semilibero, semiliquido*;
sopra-, ***sovra***-, ***super***- indicano qualcosa che sta sopra o che è in eccesso: *soprabito, sovraffollamento, superuomo*;
sotto-, ***sub***-, ***infra***-, ***ipo***- indicano qualcosa che sta sotto o che è carente: *sottosuolo, subacqueo, infrarosso, ipoglicemia*;

• I principali **prefissi** che si uniscono a **verbi** sono i seguenti:
contra-, ***contro***- indicano opposizione: *contrapporre*;
de-, ***dis***-, ***s***- indicano un'azione negativa e contraria a quella del verbo di base: *disapprovare, sconsigliare*;
inter- significa “in mezzo”: *interporre*;
ri-, ***re***- indicano ripetizione: *rifare, ridire, reintrodurre*;
stra- indica un aumento al massimo grado: *strafare*.

I composti

1. *Ti piace questo* ***asciugamano*** *di lino?*

La composizione è un meccanismo di formazione delle parole che si attua unendo più parole che hanno un proprio significato e una propria autonomia: *carta + moneta = cartamoneta; asciuga + mano = asciugamano*.

• Ci sono parole composte che si scrivono unite, come una sola parola, e parole composte che si scrivono mantenendo separati i componenti. Queste ultime si chiamano unità lessicali complesse, o unità lessicali superiori, o polirematiche ➔: *luna di miele, vasca da bagno, compagnia di bandiera*.

Talvolta, nella scrittura, le parole si uniscono ad altre parole o ai prefissi con un trattino. A questo proposito non ci sono delle regole stabilite e spesso si ammettono le due forme: *psico-pedagogista / psicopedagogista*.

• Le parole composte possono realizzarsi anche dall'unione di parole di diversa categoria grammaticale. I tipi più frequenti di formazione delle parole composte sono i seguenti:
verbo + nome: *lavastoviglie, spremilimoni*
nome + aggettivo: *cassaforte*
aggettivo + nome: *altopiano*
nome + nome: *cartamoneta*

avverbio + aggettivo: *sempreverde*
verbo + verbo: *dormiveglia*.

- Nella formazione del **plurale** le parole composte modificano la prima o la seconda parola, secondo lo schema seguente.

Tipo di composto	Al plurale rimane invariato	Al plurale cambia la prima parola	Al plurale cambia la seconda parola	Al plurale cambiano tutte e due le parole
nome + nome		se i due nomi hanno generi grammaticali diversi: *pescespada* ➔ *pescispada*	se i due nomi hanno lo stesso genere: *arcobaleno* ➔ *arcobaleni*	
composti con *capo-*		*capostazione* ➔ *capistazione* "x è capo di y"	*caporedattore* ➔ *caporedattori* "x è capo fra molti"	
nome + aggettivo				*cassaforte* ➔ *casseforti*; ma *palcoscenico* ➔ *palcoscenici*
aggettivo + nome			*francobollo* ➔ *francobolli*; ma *altopiano* ➔ *altipiani* / *altopiani*	
parole con *mezza-*				*mezzamanica* ➔ *mezzemaniche*
aggettivo + aggettivo			*pianoforte* ➔ *pianoforti*	
verbo + nome singolare maschile			*passaporto* ➔ *passaporti*	
verbo + nome singolare femminile	*cavalcavia* ➔ *cavalcavia*			
verbo + nome plurale	*cavatappi* ➔ *cavatappi*			
verbo + verbo	*dormiveglia* ➔ *dormiveglia*			
avverbio o preposizione + nome	se il composto ha genere diverso dal nome: *sottoscala* ➔ *sottoscala*		se il composto ha lo stesso genere del nome *dopopranzo* ➔ *dopopranzi*	

Le parole composte delle scienze

Moltissime parole scientifiche (della fisica, della chimica, della medicina, del diritto, ecc.) sono parole composte con elementi che derivano dal greco antico e dal latino: ad esempio, *idro-*, *foto-*, *mono-*, *-sofia*, *-grafia*, *-crazia*, ecc. L'elemento greco o latino può trovarsi nella prima parte della parola, come in ***mon**ossido*, e in questo caso si chiama **prefissoide** o nella seconda posizione, come in *partito**crazia***, e in questo caso si chiama **suffissoide**.

30 Il lessico

L'insieme delle parole della lingua italiana contemporanea, cioè il suo **lessico**, è articolato in diversi livelli: a ogni livello appartengono parole che hanno determinate caratteristiche di uso. Il lessico della lingua italiana contemporanea è formato da almeno 300.000 parole, che raggiungono e superano il milione con le parole delle scienze.

Le parole semplici e le parole complesse

Le parole possono essere di due tipi:
- **parole semplici**, cioè formate da un solo elemento lessicale: *rosa, albero, forchetta, abbagliante*, ecc.
- **parole complesse**, cioè formate da diversi elementi lessicali, che si chiamano anche **unità lessicali superiori** o **polirematiche** ➔: *titolo di viaggio, testa di cuoio*, ecc.

La funzione, il valore, il significato preciso di una parola dipendono dalla sua posizione nel testo e dal contesto in cui si svolge la comunicazione: il parlato o lo scritto, un testo letterario, un testo scientifico, ecc.

Le parole polisemiche

Molte parole hanno più di un significato. Si tratta soprattutto di parole di uso comune, adattabili in modo economico a varie situazioni e a vari contenuti della comunicazione. La parola *comune,* ad esempio, ha almeno sei significati di alto uso. Le parole con più significati sono chiamate parole **polisemiche**. Le parole con un solo significato sono chiamate parole **monosemiche**. La maggior parte delle parole delle scienze sono parole monosemiche.

I sinonimi

Spesso ci sono due o più parole che hanno lo stesso significato fondamentale (*Entrammo in un **ampio** salone / Entrammo in un **vasto** salone)*.
Le parole di questo tipo sono dette **sinonimi**.
Bisogna tuttavia ricordare che in genere due sinonimi conservano sempre delle differenze di significato più o meno rilevanti, o, spesso, appartengono semplicemente a registri diversi della lingua: così, ad esempio, *insegnante* e *docente* sono sicuramente sinonimi, perché indicano la stessa cosa, ma *insegnante* appartiene al registro familiare della lingua (*Ieri ho incontrato in pizzeria l'**insegnante** di italiano*), mentre *docente* si usa in una lingua più formale (*Domani, alle ore 10, è convocato il Collegio dei **docenti***).

Le parole omonime

Oltre alle parole con più significati e a quelle con lo stesso significato, in italiano esistono parole che hanno la stessa forma grafica o la stessa forma fonica o hanno la stessa forma fonica e la stessa forma grafica, ma significato, uso, e spesso categoria grammaticale diversa. Sono in realtà parole diverse e si chiamano **omonime**. Sono parole omonime, ad esempio, *casco* e *anche*.

casco = strumento per proteggere la testa
casco = prima persona singolare dell'indicativo del verbo *cascare*
anche = congiunzione / avverbio
anche = sostantivo: plurale di *anca*, parte del corpo umano.

Le parole straniere

Nell'italiano contemporaneo ci sono parole **straniere**, che provengono cioè da altre lingue. Spesso queste parole, come *film, hard disk, file,* ecc., sono mantenute nella forma originaria.

È un uso abbastanza diffuso, anche da parte dei giornali, quello di fare il plurale delle parole straniere aggiungendo una *-s* alla fine. Tale uso, però, è sbagliato soprattutto se è applicato a parole che nella lingua d'origine formano il plurale in modo diverso. Si possono trovare scritte parole come *gli yogurts* (ma *yogurt* è una parola di origine turca e non ha la *-s* al plurale) o i *lieders* (ma *lieder* è una parola tedesca e al plurale non ha la *-s* finale). La regola migliore è di lasciare la parola di origine straniera, al plurale ➡, nella stessa forma che ha al singolare: *il film / i film*; *il file / i file* ecc.

Le polirematiche

Le polirematiche, chiamate anche **parole complesse** o **unità lessicali superiori**, sono gruppi di parole che hanno un ordine fisso e che hanno un significato diverso da quello della somma delle singole parole.
Nelle parole composte ➡ il significato della nuova parola risulta dalla somma dei significati delle singole parole che formano la parola composta. La *lavastoviglie*, ad esempio, è la "macchina che lava le stoviglie". Al contrario, una polirematica come *compagnia di bandiera*, ad esempio, non significa affatto un insieme di amici riuniti attorno a una bandiera: la *compagnia di bandiera* è la società aerea ufficiale di uno Stato.

- Ci sono molte unità lessicali polirematiche che appartengono ai linguaggi delle scienze, dove una sequenza di parole semplici assume un solo e preciso significato come *appendicite acuta* (in medicina), *fusione fredda* (in fisica), *buco nero* (in astrofisica), *intelligenza artificiale* (in informatica), ecc.

- Le unità lessicali polirematiche hanno diverse funzioni grammaticali. Oltre alle unità lessicali polirematiche **nominali** come quelle di cui abbiamo parlato (*compagnia di bandiera, testa di cuoio* ecc.) ci sono:

- polirematiche che hanno funzione di **aggettivo**: *Il prezzo di questa automobile è buono perché è un prezzo* ***chiavi in mano****;*
- polirematiche che hanno funzione di **preposizione**: *Luigi viaggia sempre* ***al di là dei*** *limiti di velocità;*
- polirematiche che hanno funzione di **congiunzione**: *Gentile Signore, La preghiamo di inviarci le informazioni richieste,* ***al fine di*** *chiudere la pratica che La riguarda;*
- polirematiche che hanno funzione di **pronome**: *Non posso risponderti, se non mi dici chiaramente* ***che cosa*** *vuoi;*
- polirematiche che hanno funzione di **avverbio**: *Va bene,* ***su per giù*** *ho capito come funziona questa macchina.*

- Tra le polirematiche possiamo far rientrare anche i cosiddetti **modi di dire** o **frasi idiomatiche** in quanto sono strutture linguistiche che hanno un ordine fisso nella sequenza delle parole e un significato o un valore che supera quello dei singoli elementi che le compongono.

Ricordiamo, ad esempio, *dare un calcio alla fortuna; restare a bocca aperta; ballare dalla gioia; essere come il Gatto e la Volpe; parlarsi a quattr'occhi; dormire come un ghiro*, ecc.

Le frasi idiomatiche sono un settore importante del lessico, il loro uso infatti, tipico soprattutto del parlato, accresce l'espressività e permette talvolta di riassumere e illustrare con pochissime parole dei giudizi anche complessi. Bisogna tuttavia essere cauti nell'usarle, specialmente da stranieri, dal momento che sono ricche di forme dialettali, hanno significati spesso molto sfumati, legati alla saggezza popolare, ma anche a certi pregiudizi e stereotipi, alla storia, a racconti e novelle, ad episodi locali che le rendono talvolta incomprensibili agli stessi italiani di altre regioni.

I livelli del lessico

Le parole di una lingua, e perciò anche quelle della lingua italiana, non hanno tutte la stessa frequenza d'uso e la stessa utilità, ma si collocano su livelli diversi.

Il Vocabolario di base

Il Vocabolario di base è il nucleo più importante di una lingua. Il numero di parole del Vocabolario di base è diverso nelle varie lingue: per l'italiano è di circa 7.000 parole. L'elenco di queste parole, secondo il modello proposto da De Mauro, si può trovare in appendice all'opera di Tullio De Mauro, *Guida all'uso delle parole*, Editori Riuniti, Roma, 1989, X ed.
Il Vocabolario di base è articolato nei seguenti livelli.

- **Lessico fondamentale**. È il nucleo di parole più importante della lingua. È composto da circa 2.000 parole che sono quelle più usate, più diffuse sia nei testi scritti, sia nei testi parlati: con il lessico fondamentale si realizza in media circa il 90% di un testo. Si tratta quindi delle parole che uno straniero incontra più facilmente quando parla con un interlocutore italiano o quando legge un testo in italiano. Al lessico fondamentale appartengono le parole grammaticali più comuni come *il* o *di* e le parole più legate alle esperienze quotidiane, come *freddo* o *parlare*.
  Molte parole del lessico fondamentale hanno più di un significato e possono essere usate in contesti diversi, come ad esempio le parole *cosa, fare,* ecc.
- **Lessico di alto uso**. È composto da circa 2.750 parole, con le quali si forma una percentuale di testo molto più bassa del lessico fondamentale, ma comunque più alta di altre fasce di lessico: circa il 7%.
  Al lessico di alto uso appartengono parole dell'esperienza quotidiana, parole grammaticali meno comunemente usate di quelle fondamentali, come ad esempio la congiunzione *sicché*, nomi, verbi e aggettivi meno frequenti come *conversazione* o *gelare*.
- **Lessico di alta disponibilità**. È composto da circa 2.300 parole legate ad esperienze di tipo quotidiano e personale. Si tratta di parole poco usate, per-

ché legate a contesti di cui si parla e si scrive poco, ma che tutti gli italiani conoscono benissimo. Appartengono al lessico di alta disponibilità parole come *forchetta, graffio, peperone*.
Per uno straniero è molto importante conoscere queste parole proprio perché fanno riferimento a esperienze quotidiane e vitali, anche se il loro uso è limitato.

Il lessico comune

Il lessico comune della lingua italiana è formato da circa 60-70.000 parole, oltre il Vocabolario di base, che sono di ambito soprattutto colto, o che erano parole diffuse nel passato e ora poco usate. Con il Vocabolario di base si arriva a coprire circa il 97% di un testo, mentre con le parole del lessico comune si copre una parte minima. Si usano queste parole per produrre un testo, soprattutto scritto, di tono elevato, non quotidiano. In questo caso infatti si usano parole più formali, più eleganti, spesso appartenenti alla tradizione letteraria.

Le parole delle scienze

Le parole delle scienze, della tecnologia, dei vari settori del sapere fanno salire il numero di parole della lingua italiana a diverse centinaia di migliaia. L'insieme delle parole di una scienza si chiama **lessico settoriale** o anche **lessico tecnico-specialistico**. I *lessici tecnico-specialistici* sono formati da parole semplici e da molte parole complesse: nella fisica abbiamo ad esempio *neutrone*, ma anche *calore specifico*.
Molte parole dei lessici tecnico-specialistici sono formate su modelli greco-latini, come ad esempio *filosofia* = *filos-* ("amico") + *sofia* ("saggezza").

- Le parole dei lessici tecnico-specialistici spesso hanno un solo significato e comunque tendono ad avere significati precisi, non vaghi e non ricchi di sfumature. All'interno dei lessici tecnico-specialistici è possibile trovare parole del Vocabolario di base che assumono significati propri di quei settori, come ad esempio *forza*, *massa*, *velocità*.
- Ci sono anche termini delle aree tecnico-specialistiche che sono passati nel linguaggio comune, e hanno preso soprattutto un valore metaforico, come ad esempio *emorragia*, che si usa per indicare una "perdita"o una "forte uscita", *sfasato*, che è sinonimo di "confuso, stordito".

Il lessico dell'italiano parlato

Abbiamo già ricordato che le parole del Vocabolario di base sono le più usate sia nei testi scritti, sia nei testi parlati, ma nel lessico usato nell'**italiano parlato** ci sono anche altre caratteristiche, dovute proprio alle specifiche condizioni di uso linguistico nel parlato. Ricordiamo qui di seguito le tre più diffuse.

- Soprattutto nel dialogo, nello scambio rapido di battute sono preferite parole che hanno significati molto generali, applicabili a molte situazioni, a molti e diversificati contenuti. La parola *cosa*, ad esempio, viene frequentemente utilizzata al posto di *faccenda, vicenda, storia, questione, problema*, ecc.
Il risultato di questa tendenza è che spesso, parlando, si ripetono sempre le stesse parole, con conseguente impoverimento del significato.

- Largo uso di **avverbi**, non con il significato originario preciso, ma con un significato generico. In questo modo gli avverbi assumono una propria funzione entro il discorso; tale funzione può essere di assenso, rafforzamento dell'opinione, ecc. Gli avverbi più usati nell'italiano parlato sono i seguenti: *veramente, praticamente, sicuramente, probabilmente, naturalmente, certamente, ovviamente, assolutamente, completamente, direttamente, chiaramente, evidentemente, effettivamente, solamente, giustamente, eventualmente, semplicemente, esattamente, normalmente, personalmente, bene*.

- Larghissimo uso, soprattutto nel dialogo, di **segnali discorsivi** ➔, come: *allora, quindi, cioè, però, ecco, insomma, comunque, appunto, pure, magari, dunque*.

I gerghi

I **gerghi** costituiscono insiemi di usi linguistici di determinati gruppi sociali come ad esempio la malavita, i militari, gli studenti. Le parole di un gergo sono usate con l'intenzione di non farsi capire da altri e/o di segnalare la propria appartenenza al gruppo. Nel gergo della malavita, ad esempio, la *madama* indica la polizia, i *caramba* i carabinieri, *cantare* vuole dire "fare la spia", ecc. Nel gergo dei militari il soldato di leva è il *marmittone*, il periodo della leva è la *naia*, la *sboba* o *sbobba* è il cibo fornito dalla caserma.
Si ha ugualmente un gergo quando in certi contesti un gruppo sociale usa un linguaggio difficile, poco comprensibile, chiaro solo agli appartenenti a quel gruppo sociale, anche se non c'è l'intenzione di non farsi capire: per questo si parla di gergo (o linguaggio) della burocrazia (*burocratese*), dei sindacati (*sindacalese*), ecc.

Il linguaggio popolare

Nell'italiano contemporaneo sono confluite molte parole provenienti dai diversi dialetti. Tali parole caratterizzano lo **stile popolare** ed hanno un'espressività molto forte, come ad esempio: *ammazzalo!* (espressione di sorpresa o anche di ammirazione), *balle* (bugie), *casino* (situazione complicata), *fregare* (imbrogliare), *sfottere* (prendere in giro).

Il linguaggio giovanile

Il linguaggio giovanile ha diversi aspetti del gergo, nel senso che è usato per segnalare l'appartenenza a un determinato gruppo identificato a livello di età. È usato soprattutto dagli adolescenti e dai giovanissimi. Gli appartenenti a tali gruppi si riconoscono in certi valori o mode. Il linguaggio giovanile è presente nelle pubblicazioni per giovani, soprattutto in quelle di argomento musicale. Il linguaggio giovanile cambia rapidamente in rapporto agli anni e alle mode. Appartengono al linguaggio giovanile parole come *sfitinzia* o *squinzia* ("ragazza"), *cuccare* ("trovarsi una ragazza o un ragazzo"), *gasato* ("esaltato"), *scrondo* o *sgrondo* ("bruttissimo"), ecc.

Il linguaggio delle leggi e della burocrazia

Il linguaggio delle leggi e della burocrazia ha molti caratteri gergali: non nasce per non farsi capire, ma spesso chi lo usa non tiene conto di coloro che dovranno leggere e capire i testi. Leggi e norme si rivolgono a tutti, ma chi le produce usa lessico e strutture caratteristiche di un settore specialistico. Tali testi hanno frasi lunghe, ricche di proposizioni subordinate, parole tecnico-specialistiche, struttura che talvolta non tiene conto dell'ordine logico. Presentiamo alcune formule del linguaggio burocratico e la loro traduzione in italiano comune.

Linguaggio burocratico	Italiano comune
assumere informazioni	informarsi
evadere una pratica	chiudere una pratica, finire di lavorare a una pratica
fare presente	comunicare
gli aventi causa	le persone interessate
in data odierna	oggi
non essendo a conoscenza	non sapendo che
per quanto attiene a	per quanto riguarda

31 Gli usi e le regole pragmatiche

Nelle concrete situazioni di comunicazione, oltre alle regole di fonetica, morfologia e sintassi, vengono applicate le **regole pragmatiche** della lingua. Le regole pragmatiche controllano gli **usi della lingua** soprattutto rispetto al contesto della comunicazione. Le regole pragmatiche risentono della condizione sociale degli interlocutori, degli obiettivi della comunicazione, degli effetti che si vogliono ottenere sugli interlocutori e sulla situazione di comunicazione. Presentiamo alcuni usi linguistici e le relative regole pragmatiche della lingua italiana.

Le forme di cortesia

1. *Lei è il signor Rossi?*
2. *Viene a teatro, stasera, signora Bianchi?*
3. *Loro vengono a teatro stasera, signori Bianchi?*
4. *Vengono a teatro stasera, signori Bianchi?*

• Le **forme di cortesia** si usano tra estranei, oppure per segnalare il rispetto verso l'interlocutore, come quando, ad esempio, ci si rivolge a una persona più anziana o gerarchicamente superiore.

• L'espressione della cortesia si può manifestare in diversi modi. La forma di cortesia più diffusa è costruita secondo il seguente modello.
- Uso del pronome ***Lei*** + **3ª persona** del verbo (**1**), o anche verbo alla 3ª persona senza *Lei* (**2**), quando ci si rivolge a un solo individuo.
- Uso del pronome ***Loro*** + **6ª persona** del verbo (**3**), o anche verbo alla 6ª persona senza *Loro* (**4**), quando ci si rivolge a più individui.
- Nell'uso corrente e quotidiano, per rivolgersi a più individui ai quali ci si rivolgerebbe singolarmente con la 3ª persona, ci si rivolge con la **5ª persona**, inve-

ce che con la 6ª, conservando il tono e tutte le altre forme di cortesia come "Signori", ecc.: *Venite a teatro stasera, signori Bianchi?*

I pronomi *Lei / Loro* usati nelle lettere formali, come ad esempio quelle commerciali si scrivono con la lettera iniziale maiuscola: ***La** saluto e spero di veder**La** presto presso la nostra azienda*.

• Nelle **richieste**, negli inviti, ecc. ci sono diversi modi di **espressione cortese**, anche quando ci si rivolge ad una persona in forma amichevole e confidenziale con il *tu*. Per esprimersi in modo cortese si usano spesso delle **perifrasi**, dei giri di parole, e non la forma diretta della richiesta, dell'invito, del comando, ecc.

Fra i modi di espressione cortese più usati ricordiamo i seguenti.

- La richiesta, l'invito, il comando possono essere espressi sotto forma di domanda e hanno il verbo al modo **condizionale**, che è un modo che in generale ha valore di attenuazione, di cortesia ➔: *Mi **daresti** un bicchier d'acqua?*
- La forma di cortesia nella funzione di richiesta è espressa dal condizionale del verbo *volere*, anche senza forma interrogativa: ***Vorrei** un caffè. / **Vorrei** mangiare. / **Vorresti** passarmi la forchetta, per favore?*
- La richiesta, l'invito, il comando possono essere accompagnati dalle strutture ***per favore**, **per cortesia**, **per piacere***: ***Per favore**, mi dai un bicchiere di acqua? / Mi daresti, **per cortesia**, un bicchiere d'acqua? / Vieni un attimo nella mia stanza, **per piacere**.*
- La richiesta, l'invito, il comando possono essere introdotti da verbi come ***dispiacere**, **rincrescere**, **pregare***, ecc.: *Le **dispiace** darmi un bicchiere d'acqua? / Ti **prego** di venire un attimo nella mia stanza.*
- La richiesta, l'invito, il comando possono essere introdotti dal verbo **potere**, spesso accompagnato dalle formule *per favore, per piacere, per cortesia*: ***Posso** avere un bicchiere d'acqua, **per favore**? / **Potresti** anche essere più gentile!*
- La richiesta, può essere fatta con il verbo all'**imperfetto indicativo**, che non ha valore temporale di passato, ma valore modale ➔: ***Volevo** chiederti un favore.*

• La **risposta a richieste**, inviti, ecc. nella forma di cortesia è espressa con **prego**: *Potrei vedere un attimo il suo giornale per favore?* **Prego**.

Prego ha anche altre funzioni.

- Si usa come risposta finale a un *grazie* in uno scambio di battute cortesi:

  A: *Ecco il suo caffè, signora.*

  B: *Va bene, grazie.*

  A: *Prego.*

– Si usa per lasciare tempo all'interlocutore di fare qualcosa; si usa anche ripetuto:
A: *Scusi un attimo, per carità...*
B: *Prego, prego.*
– Si usa per dare il turno di parola all'interlocutore nei dialoghi, nei dibattiti, ecc.:
A: *Una cosa rapida la posso dire?*
B: *Prego.*
A: *Ho l'impressione che queste richieste siano troppo alte...*
– Si usa per invitare a ripetere, a farsi capire meglio:
A: *Scusi, io trovo molto triste che persino Lei faccia così.*
B: *Prego?!* (= "che cosa vuole dire? si spieghi meglio")
– Si usa in una presentazione per segnalare l'invito a parlare, a proseguire nel discorso; in queste situazioni, al posto di *prego* si usa anche *desidera?* o *mi dica:*
A: *Buongiorno!*
B: *Io mi chiamo Rossi...*
A: *Prego / Desidera? / Mi dica.*
B: *Ho diversi problemi che non so risolvere e per i quali Le chiedo aiuto...*

I turni di parola

• Nei dialoghi lo scambio di battute si svolge secondo **turni di parola**. Per evitare che i parlanti sovrappongano i propri discorsi e per facilitare la comunicazione, i vari interlocutori segnalano i turni di parola con strumenti linguistici di vario tipo, come nei casi che presentiamo qui di seguito. Il rispetto dei turni di parola implica valori sociali: è legato al tipo di rapporti sociali fra i vari interlocutori (adulti / bambini; superiori / inferiori, ecc.).

• Per **prendere la parola** in modo cortese, si usano formule come ***chiedo scusa***, ***scusa***, ***scusate***; ***posso*** / ***potrei***; ***voglio*** / ***volevo*** / ***vorrei*** + verbo; ***senti*** / ***sentite*** + altre formule come ad esempio il nome dell'interlocutore:
A: *Chiedo scusa.*
B: *Prego.*
A: *Vorrei / volevo / voglio dire che ...*
C: *Senti una cosa...*
D: *Dimmi.*
E: *Senti Bruno, io volevo notizie di Patrizia...*
F: *Mi dispiace, non so niente.*

• Per **introdurre** qualcosa **in aggiunta** a quanto detto, oppure per introdurre qualcosa di contrario rispetto a quanto detto dall'interlocutore si usa ***senti*** / ***sentite***:

A: *Va bene, siamo d'accordo.*
B: *Senti, c'è un'altra cosa che io ti volevo chiedere...*
C: *Ma è davvero eccezionale!*
D: *Senti però, non lasciarti prendere troppo dall'entusiasmo.*

• Per **cedere il turno di parola** all'interlocutore spesso si usa ***prego***:

A: *Senti Sandro, permetti una cosa?*
B: *Prego.*
A: *Qui non si tratta di esprimere dei pareri, ma di decidere.*

• Per indicare che l'interlocutore **può continuare** a tenere il turno di parola si tende a sottolineare il suo discorso con affermazioni o con altri segnali discorsivi ➔:

A: *Venga venga avanti,* [pausa] *senta, volevo sapere...*
B: *Sì...*
A: *Perché quelle lettere non sono state ancora spedite.*

■ Salutare e presentarsi

1. *Ciao Antonio! Come stai?*
2. *Buonasera, signora Rossi. Viene a teatro stasera?*
3. *Buongiorno, sono Mario Rossi.*
4. *Arrivederci, e grazie per l'informazione.*

• Per **salutare** si usa la formula ***ciao*** tra amici, spesso fra colleghi di lavoro, fra persone della stessa età, oppure da parte di un adulto che si rivolge ad un bambino o a una persona molto giovane (**1**).
Si usano le formule ***buongiorno*** / ***buonasera*** fra estranei, oppure per una persona maggiore di età o di rango sociale, comunque per segnalare rispetto (**2**).
Il *ciao*, il *buongiorno* e il *buonasera* possono essere usati come formule di saluto all'inizio e alla fine di un incontro; si usano anche per **presentarsi** (**3**).

• Alla fine di un incontro, oltre a *ciao* / *buongiorno* / *buonasera*, la formula più usata è ***arrivederci***, che si può usare fra amici o nelle situazioni di media formalità (**4**).

Quando invece vogliamo segnalare particolare cortesia e rispetto si usa *arrivederLa*: *ArrivederLa Professore!*

● Per **presentarsi**, per chiedere e dire il nome, la nazionalità, ecc. valgono le regole generali delle forme di cortesia e dei valori sociali ad esse collegati:

A: *Io sono senegalese, mi chiamo Aminata. Tu come ti chiami? Di dove sei?*
B: *Mi chiamo Giulia e sono italiana.*

A: *Signor Martini, Le presento mia moglie Marta.*
B: *Sono lieto di conoscerLa Signora Marta!*

Chiedere ed esprimere l'ora

1. *Scusi, mi dice l'ora? - Sono le 3 e un quarto.*
2. *Scusa, mi sai dire l'ora? - Sono le 7 meno un quarto.*
3. *Per favore, posso sapere l'ora? - Sono le 8 precise.*
4. *Scusi, posso sapere che ora è? - È mezzogiorno.*

● Per la richiesta di informazioni circa l'ora valgono le regole generali delle forme di cortesia (**1**, **2**, **3**, **4**). Per esprimere l'ora si usano solo i primi dodici numerali, sia per le ore della mattina, sia per le ore del pomeriggio e della sera. I numerali da 13 a 24 si usano solo per gli orari ufficiali di treni, aerei, ecc.

Usi e strutture particolari della lingua parlata

● La lingua parlata ha caratteristiche un po' diverse dalla lingua scritta. Quando si parla, molto spesso abbiamo davanti a noi il nostro interlocutore, che può vederci e può risponderci e per questo non abbiamo necessità di esplicitare proprio tutte le informazioni. E non abbiamo bisogno di produrre frasi con tutti gli elementi linguistici, perché possiamo fare riferimento al contesto della comunicazione: usiamo i gesti, gli sguardi, il tono della voce, ecc. Inoltre, specie nel dialogo, non abbiamo molto tempo per progettare il discorso, per scegliere le parole più adatte o la struttura sintattica più formale o più elegante. Allora, facciamo brevi pause, ripetiamo le parole, le allunghiamo e le teniamo sospese per progettare la continuazione del nostro discorso.
Nei testi parlati si usano talvolta anche regole parzialmente devianti rispetto alle regole della lingua scritta e sono frequenti le strutture di cui parliamo nei prossimi capitoletti.

Le frasi monorematiche

A: *Vai al cinema stasera?*
B: ***Sì***.
A: *Ti è piaciuto l'ultimo film di Nanni Moretti?*
B: ***Molto***.

Le frasi **monorematiche** sono fatte da una sola parola e concentrano nella loro unica parola un significato che corrisponde ad una frase più ampia, lasciando agli elementi di contesto la funzione di integrare il significato.
La presenza di frasi monorematiche è forte soprattutto nello schema domanda-risposta. Ci sono frasi monorematiche costituite solo da risposte affermative o negative, e altre che riprendono il nucleo centrale della domanda dell'interlocutore. Le frasi monorematiche possono essere molto ambigue per l'interlocutore che, attraverso il contesto, deve saper ricostruire gli elementi mancanti.

Le frasi ellittiche e le frasi nominali

A: *Hai sentito questo dolce?*
B: ***Che buono***!

Il parlato presenta spesso frasi in cui mancano degli elementi fondamentali come il verbo o il soggetto. Le frasi in cui mancano degli elementi si chiamano genericamente frasi **ellittiche.**
Le frasi senza verbo si ritrovano anche nella lingua scritta, specialmente nei titoli dei giornali. Esse si chiamano propriamente frasi **nominali**: *Bosnia, allarme caschi blu* (da un titolo di giornale)

Le frasi scisse

1. *C'è qualcosa che devo raccontarti.*
2. *Non è che non voglio farlo, ma preferisco aspettare.*
3. *Siete stati voi a dire quelle cose.*

Le frasi scisse hanno una struttura complessa. Nella frase scissa si mette in evidenza, in testa alla frase, un elemento che è esso stesso una frase, e si fa seguire da un'altra frase introdotta da un *che* relativo (**1**, **2**). Talvolta una frase implicita, con il verbo all'infinito, può sostituire la relativa (**3**).
Le frasi scisse servono a dare rilievo all'elemento centrale del messaggio.

Le dislocazioni

1. *La medicina l'hai presa?*
2. *L'hai presa la medicina?*

Le **dislocazioni** consistono nello spostamento di un elemento rispetto alla posizione che dovrebbe avere nella frase secondo le regole standard (**1**, **2**).
Lo spostamento può avvenire "verso sinistra" o "verso destra", cioè l'elemento può essere posto all'inizio della frase e poi ripreso da un pronome: **dislocazione a sinistra** (**1**); oppure può essere collocato alla fine e anticipato da un pronome: **dislocazione a destra** (**2**).
Le dislocazioni usano la posizione degli elementi per metterli in evidenza.

Le riprese e le ripetizioni

1. *Mi pare... mi pare che sia stato il 1991 l'anno in cui è venuta Laura.*
2. *Ecco, questa è una buona grammatica, proprio una buona grammatica.*

Le **riprese** e le **ripetizioni** di elementi già realizzati nel discorso sono meccanismi molto usati nel parlato. La funzione più semplice della ripetizione nel parlato è quella di consentire la progettazione del discorso durante il suo svolgimento, ma serve anche a sottolineare gli elementi di contenuto, favorire nell'ascoltatore il ricordo di quanto detto, richiamare l'attenzione, segnalare accordo o disaccordo, ecc. (**1**, **2**).

I segnali discorsivi

1. ***Dunque**, cosa facciamo?*
2. *Volevo dire, **cioè**... **niente**, mi sono sbagliato.*
3. *Perché non andiamo a cena fuori? **Va bene**.*

Tra i **segnali discorsivi** ci sono le formule di apertura del discorso, le formule di saluto, gli elementi che consentono di collegare le varie parti del testo parlato, gli elementi che permettono di mantenere la comunicazione. Ad esempio, quando parliamo al telefono diciamo *Pronto?* per aprire la comunicazione, oppure usiamo parole come *sì*, *certo* per far sapere al nostro interlocutore che siamo ancora in linea.
Ci sono anche parole comuni che nella lingua parlata possono perdere il loro significato originario e assumono altre funzioni: diventano riempitivi del discorso e si usano al posto delle pause, segnalano l'inizio o la fine del testo parlato, servono a rendere più strutturato il testo parlato. Tra i segnali discorsivi più frequenti ricordiamo *cioè, allora, bene, dico, ecco, dunque, insomma, niente, va bene, certo, certamente, chiaramente* (**1**, **2**). *Va bene* è una espressione molto usata per rispondere affermativamente o per mantenere un contatto comunicativo con il nostro interlocutore (**3**).

Le esclamazioni

1. ***Oh***! *Che piacere vederti!*
2. ***Alt***! *Per oggi il lavoro è finito.*
3. ***Bravo!*** *Continua così.*

Le **esclamazioni** (o interiezioni) sono parole, spesso invariabili, che servono a esprimere stati d'animo come la gioia, il dolore, la sorpresa, la noia, ecc. (**1**), o servono ad esprimere un ordine (**2**), un incoraggiamento (**3**), ecc.
Ci sono delle parole, come *oh,* che hanno solo la funzione di esclamazione e altre parole, come *bravo, bene, giusto,* ecc., che si usano come esclamazioni, ma che hanno anche altre funzioni e significati.

- Individuare il preciso significato di molte interiezioni e scriverle non è facile: il più delle volte sono segnalate dalla presenza della lettera *h* e del punto esclamativo (!).
- Le parole più frequenti che cercano di riprodurre graficamente le esclamazioni vere e proprie sono le seguenti: *ah!*, *eh!*, *ahi!*, *uhm!*, *oh!*, *ohhh!*, *beh!*, *ehi!*, *mah!*, *ih!*, *ps!*, *pst!*, *to'!*, *uff!*, *uffa!*, *ovvia!*, ecc.

32 I suoni e i segni: fonologia e ortografia

L'alfabeto

Presentiamo le lettere dell'alfabeto della lingua italiana, insieme ai loro nomi. Per indicare la pronuncia e la corretta realizzazione dei singoli suoni o delle parole utilizziamo i segni dell'Alfabeto Fonetico Internazionale (AFI - IPA), sistema adottato internazionalmente per indicare la pronuncia dei suoni delle lingue.

Maiuscola	Minuscola	Nome	Pronuncia IPA
A	a	a	/a/
B	b	bi	/b/
C	c	ci	/c/ /k/
D	d	di	/d/
E	e	e	/e/ /ɛ/
F	f	effe	/f/
G	g	g	/j/ /g/
H	h	acca	
I	i	i	/i/ /j/
J	j	i lunga	/j/
K	k	kappa	/k/
L	l	elle	/l/
M	m	emme	/m/
N	n	enne	/n/
O	o	o	/o/ /ɔ/
P	p	pi	/p/
Q	q	qu	/kw/

Maiuscola	Minuscola	Nome	Pronuncia IPA
R	r	erre	/r/
S	s	esse	/s/ /z/
T	t	ti	/t/
U	u	u	/u/ /w/
V	v	vu (vi)	/v/
W	w	vu doppia	/v/
X	x	ics	/ks/
Y	y	ipsilon (i greca)	/i/ /j/
Z	z	zeta	/dz/ /ts/

Non c'è una piena corrispondenza fra i segni grafici dell'alfabeto e i segni dell'IPA: i segni dell'IPA rappresentano un codice autonomo. Nell'IPA l'accento è segnato con un apice (') prima della sillaba sulla quale esso cade. Indichiamo sempre fra due barre oblique / / le trascrizioni secondo l'IPA.

I suoni e la grafia

- In italiano c'è una forte (ma non totale) corrispondenza fra i suoni e la loro rappresentazione grafica. Undici lettere dell'alfabeto rappresentano in modo univoco altrettanti suoni e ciascuno di loro si pronuncia in un unico modo: *a b d f l m n p r t v*.

Altre lettere dell'alfabeto esprimono invece suoni diversi: *c g q s z e o i u*.
I segni alfabetici *j k w x y* sono usati quasi esclusivamente per le parole di origine straniera.

In Italia esistono molte pronunce regionali e locali, con propri sistemi fonetici e si pone il problema di un modello di pronuncia unitaria. In questo testo facciamo riferimento innanzitutto alle regole della varietà fiorentina colta, che in passato era la norma indiscussa, con alcuni caratteri che si stanno affermando come i più diffusi a livello nazionale. Questo è oggi il modello prevalente nei mezzi di comunicazione di massa.

Le vocali

Rappresentazione del suono nell'Alfabeto Fonetico Internazionale	Rappresentazione nella grafia corrente della lingua italiana	Esempi
/a/	a - à	*casa - papà*
/ɛ/	e - è	*bello - caffè*
/ɔ/	o - ò	*rosa - può*
/e/	e - é	*pena - perché*
/o/	o	*lo*
/i/	i - ì	*libro - così*
/u/	u - ù	*luce - giù*

• L'alfabeto italiano prevede solo cinque lettere per esprimere le vocali, ma in realtà il sistema di suoni vocalici previsto dalla pronuncia modello è formato da sette suoni.
Nelle coppie *e*, *o* sono chiamati **aperti** (o semiaperti) i suoni vocalici /Ε/, /Ο/, e sono chiamati **chiusi** (o semichiusi) i suoni vocalici /e/, /o/.

• Alcune parole scritte nello stesso modo, dette **omografe**, si distinguono proprio per la pronuncia aperta o chiusa delle vocali; ad esempio:
pesca /'peska/ (pronuncia chiusa) = "attività del pescare, del prendere pesci"
pesca /'pɛska/ (pronuncia aperta) = "frutto dell'albero del pesco"
venti /'venti/ (pronuncia chiusa) = "il numero 20"
venti /'vɛnti/ (pronuncia aperta) = plurale di *vento*, "spostamento di masse d'aria".

• Le vocali *e*, *o* hanno sempre suono chiuso quando **non** sono accentate (**atone**).

• Le vocali *e*, *o* possono avere suono aperto o suono chiuso quando sono accentate (**toniche**).
- La pronuncia della *e* tonica è generalmente **aperta** /ɛ/ nei seguenti casi:
  ✓ nel gerundio dei verbi e nelle parole che finiscono in *-endo*, *-enda*: *correndo* /kor'rɛndo/;
  ✓ nel participio presente dei verbi: *scrivente* /skri'vɛnte/;
  ✓ nel condizionale presente dei verbi: *verrei* /ver'rɛi/;
  ✓ nel dittongo *ie*: *piede* /'pjɛde/;

✓ in varie forme verbali del verbo *essere*: *è* /'e/; *eravamo* /ɛra'vamo/;
✓ nelle parole che terminano in *-eca*; in *-ema;* in *-ello, -ella;* in *-enza*; in *-estre*: *teca* /'tɛka/; *tema* /'tɛma/; *ombrello* /om'brɛllo/; *presenza* /pre'sɛnza/ *campestre* /kam'pɛstre/.

– La pronuncia della *e* tonica è generalmente **chiusa** /e / nei seguenti casi:
✓ negli avverbi in *-mente*: *velocemente* /veloce'mente/;
✓ nelle parole che contengono il suffisso *-mento*: *portamento* /porta'mento/;
✓ nelle parole formate da una sola sillaba: *e, ne, che* /e/ /ne/ /ke/;
✓ nell'infinito dei verbi in *-ere*: *vedere* /ve'dere/;
✓ in molte desinenze verbali dei verbi in *-ere*: *vedremo* /ve'dremo/; *sapeva* /sa'peva/;
✓ nelle congiunzioni con accento sull'ultima sillaba (a livello grafico si usa l'accento acuto): *perché* /per'ke/; *benché* /ben'ke/;
✓ nelle preposizioni articolate: *delle* /'delle/;
✓ nelle parole che terminano in *-eccia, -eccio, -efice, -eggio, -egna, -egno, -esca, -esco, -ese, -esa, -eso, -essa, -etta, -etto*; *-ezza*: *francese* /fran'ceze/; *dottoressa* /dotto'ressa/.

– La pronuncia della *o* tonica è generalmente **aperta** /ɔ/ nei seguenti casi:
✓ nelle parole monosillabiche: *no* /'nɔ/;
✓ nelle parole che hanno l'accento sull'ultima sillaba (a livello grafico si usa l'accento grave): *perciò* /per'tʃɔ/;
✓ nelle parole che terminano in *-occhia, -occhio, -occia, -occio, -olo*: *coccio* /'kɔttʃo/;
✓ nelle parole con il dittongo *uo* (con eccezione delle parole che contengono il suffisso *-uosa, -uoso*): *uovo* /'wɔvo/.

– La pronuncia della *o* tonica è generalmente **chiusa** /o/ nei seguenti casi:
✓ nelle parole con i suffissi *-oio, -oni, -ione, -oce, -onda, -ondo, -ona, -one, -onte, -onto, -ore, -osa, -oso, -uosa, -uoso, -zione*: *mattone* /mat'tone/; *nazione* /nat'tzione/.

Le consonanti

Presentiamo i suoni consonantici (le consonanti) dell'italiano. Indichiamo prima le rappresentazioni dei suoni secondo i segni dell'Alfabeto Fonetico Internazionale, poi le rappresentazioni del segno semplice e doppio nella grafia corrente dell'italiano. Nell'ultima colonna diamo esempi di parole che contengono i suoni consonantici semplici e intensi.

Rappresentazione del suono nell'Alfabeto Fonetico Internazionale	Caratteristiche fonetiche del suono	Segno del suono semplice e intenso (o doppio)	Esempi
/p/	bilabiale occlusiva sorda	p; pp	*papa - pappa*
/b/	bilabiale occlusiva sonora	b; bb	*bambino - babbo*
/f/	labiodentale fricativa sorda	f; ff	*fine - affare*
/v/	labiodentale fricativa sonora	v; vv	*vero - davvero*
/t/	alveolo-dentale occlusiva sorda	t; tt	*tu - tutto*
/d/	alveolo-dentale occlusiva sonora	d; dd	*domani - addio*
/m/	bilabiale nasale sonora	m; mm	*me - mamma*
/n/	alveolo-dentale nasale sonora	n; nn	*no - nonno*
/l/	alveolo-dentale liquida sonora	l; ll	*lungo - allungare*
/r/	alveolo-dentale liquida sonora	r; rr	*remo - arrestare*
/s/	alveolo-dentale fricativa sorda	s; ss	*suo - assassino*
/z/	alveolo-dentale fricativa sonora	s	*rosa*
/ts/	alveolo-dentale affricata sorda	z; zz	*azione - piazza*
/dz/	alveolo-dentale affricata sonora	z; zz	*zero - azzerare*
/tʃ/	palatale affricata sorda c - ce - ci - cia - cio - ciu	c; cc	*cena - ciabatta - Cina - ciò - ciuffo - accecare*
/dʒ/	palatale affricata sonora g - ge - gi - gia - gio - giu	g; gg	*gente - Gianni - Gino - giorno - giurare*
/ʃ/	palatale fricativa sorda sce - sci - scia - scio - sciu	sc	*scena - sciare - sciogliere - sciupare*
/ʎ/	palatale laterale sonora gl - gli - glia - glio - glie - gliu	gl	*gli - aglio*
/ɲ/	palatale nasale sonora gn - gna - gne - gni - gno - gnu	gn	*agnello - agnolotto*
/k/	velare occlusiva sorda ca - co - cu -ch - che - chi - k- qu - qua - que - qui - quo - c + consonante	cc, cch, cq	*casa - cuore - chiedere quadro - acquistare*
/g/	velare occlusiva sonora ga - go - gu - ghe - ghi	gg, ggh	*gara - ghiaccio - agghiacciante*

Le consonanti, come si può vedere nella tabella, si distinguono a seconda del luogo di articolazione (**labiale**, **labio-dentale**, **alveolo-dentale**, **palatale**, **velare**); del modo di articolazione (**fricativa**, **affricata**, **occlusiva**, **nasale**, **liquida**); della presenza o assenza della vibrazione delle corde vocali (**sonora**, **sorda**).

- Secondo il luogo di articolazione le consonanti si distinguono in:
  bilabiali: le labbra si stringono e poi si aprono;
  labiodentali: i denti si appoggiano sul labbro inferiore;
  alveolo-dentali: la lingua si appoggia ai denti anteriori;
  palatali: la lingua si appoggia al palato;
  velari: la lingua si ritira verso la gola.
- Secondo il modo di articolazione le consonanti si distinguono in:
  occlusive: c'è chiusura completa del canale; fra le occlusive la *m* e la *n* vengono dette anche **nasali**;
  costrittive: c'è un restringimento del canale; fra le costrittive la *r* e la *l* vengono dette anche **liquide**, la *f*, la *v*, la *s*, la *z* vengono anche dette **fricative**;
  affricate: c'è un'articolazione intermedia fra un'occlusiva e una costrittiva.
- Secondo la presenza o assenza della vibrazione delle corde vocali le consonanti si distinguono in:
  sonore: le corde vocali vibrano;
  sorde: le corde vocali non vibrano.

La lettera ***h*** non corrisponde ad alcun suono; è utilizzata nel verbo *avere*, nelle esclamazioni, per indicare il suono velare di *c* /k/ e di *g* /g/ quando precedono la *i* e la *e*: *Barbara* ***ha*** *incontrato Giulia in* ***chiesa***.

Le consonanti doppie e i suoni intensi

- Tutte le lettere dell'alfabeto che indicano suoni consonantici, salvo la *h*, possono diventare doppie e avere suono intenso. Le consonanti doppie o intense possono trovarsi fra due vocali oppure fra una vocale e *l* o *r*: *a***ll***agare*; *a***pp***licare*.

- Consonanti semplici e doppie distinguono parole diverse: *capello* /ka'pello/ = "pelo della testa", *cappello* /kap'pɛllo/ = "copricapo".

- I suoni consonantici /ʎ/ gl, /≠/ (nella grafia *gn*), /ʃ/ sc, /ts/ e /dz/ (nella grafia *z*), quando sono fra due vocali si pronunciano in modo intenso, anche se **non** sono scritti doppi: *azoto* /ad'dzɔto/ *stazione* /stat'tzjone/.

- La consonante *q* quando è raddoppiata è scritta *cq*: *acqua* /'akkwa/.

- In una sequenza di due parole il **raddoppiamento fonosintattico** porta a pronunciare in modo intenso la consonante iniziale della seconda parola. Il raddoppiamento fonosintattico non è mai segnalato nella grafia; avviene soprattutto nella varietà toscana e centromeridionale di italiano, soprattutto nei seguenti casi:
– con le parole che finiscono con una vocale accentata: *andò via* /an'dɔv'via/;
– con le parole monosillabiche (di una sola sillaba): *già notte* /'jan'nɔtte/; sta fermo /'staf'fermo/.

Le consonanti c e g

- Le consonanti *c* e *g* hanno suono velare /k/, /g/ davanti ad *a, o, u*: *casa, cosa, cura, gara, gola, gusto*. Hanno suono palatale /tʃ/, /dʒ/ davanti a *e, i*: *cena, cinema, gelo, gita*.

- Per indicare il suono palatale di una *c* o una *g* davanti ad *a, o, u* si mette fra la consonante e la vocale una *i*: *camicia, briciola, gioco, giudice*.

- Per indicare il suono velare di una *c* o una *g* davanti ad *e, i* si mette fra la consonante e la vocale una *h*: *chiesa, bacheca, ghiaccio*.

Le consonanti s e z

- Le consonanti *s, z* hanno ciascuna due suoni: uno **sonoro** /z/, /dz/, e uno **sordo** /s/, /ts/. Queste sono le regole principali di distinzione fra suono sonoro e suono sordo del modello di pronuncia standard al quale ci riferiamo.
- La pronuncia della **s** è **sonora** /z/ nei seguenti casi:
  quando precede un'altra consonante sonora *b, d, g, l, m, n, v, z*: *sbadato* /zbad'ato/;
  quando è posta fra due vocali: *genesi* /'dʒɛnezi/;
  nelle parole che terminano in *-esima, esimo, -asi, -isi, -usi*: *ventesimo* /ven'tɛzimo/.

– La pronuncia della **s** è **sorda** /s/ nei seguenti casi:
  quando precede un'altra consonante sorda *c, f, p, q, t*: *spontaneo* /spon'taneo/;
  all'inizio di parola, quando precede una vocale: *sera* /'sera/;
  quando segue un'altra consonante: *psicofarmaco* /psiko'farmako/;
  nelle parole che terminano in *-ese* e in *-oso*: *generoso* /dʒene'roso/;
  quando è doppia: *rossa* /'rossa/.

– La pronuncia della **z** è **sonora** /dz/ nei seguenti casi:
✓ in molte parole che contengono i suffissi *-izzare, -izzatore, -izzazione*: *colonizzare* /kolonid'dzare/;
✓ spesso, quando si trova all'inizio di parola (questa è una tendenza sempre più diffusa): *zanzara* /dzan'dzara/.

– La pronuncia della *z* è **sorda** /tz/ nei seguenti casi:
✓ spesso nel gruppo *z* + *i* + vocale: *spazio* /'spattzjo/, ma *azienda* /'addziεnda/;
✓ in molte parole che terminano in *-anza, -enza, -ezza, -ozza, -uzza, -uzzo: tendenza* /ten'dεntza/.

La *z*, quando è seguita da *i* e da un'altra vocale è sempre intensa nella pronuncia, ma in genere **non** si scrive doppia: *grazia* /'grattsja/.

Le semiconsonanti e le semivocali

• Quando la *i* e la *u* si trovano a inizio di parola o di sillaba e precedono una vocale sono considerate **semiconsonanti**. Le semiconsonanti *i* /j/, *u* /w/ sono impostate come la *i* e la *u*, ma hanno un suono più breve che passa subito sulla vocale successiva: *ie-ri* /'jεri/, *uo-mo* /'wɔmo/. Le semiconsonanti si trovano solo nei **dittonghi** ➔.

• Quando *i* /i/, *u* /u/ seguono una vocale sono considerate **semivocali**. Anche le semivocali si pronunciano in modo più breve: *fa-rai* /fa'rai/ *Lau-ra* /'Laura/.

I dittonghi, i trittonghi e lo iato

/j/ + vocale = dittongo: /'jεri/ *ieri*
/w/ + vocale = dittongo: /'wɔmo/ *uomo*
/j/ + vocale + vocale = trittongo: /'mjεi/ *miei*
/w/ + vocale + vocale = trittongo: /'gwai/ *guai*
/j/ + /w/ + vocale = trittongo: /'ajwɔla/ *aiuola*
/w/ + /j/ + vocale = trittongo: /'kwjeto/ *quieto*

• I **dittonghi** e i **trittonghi** sono formati da due o tre vocali pronunciate con una singola emissione di voce. La prima vocale di un dittongo o trittongo è sempre una *i* o una *u*. La *i* e la *u* dei dittonghi e trittonghi sono semiconsonanti. I dittonghi e i trittonghi formano un'unica sillaba.

• Lo **iato** si ha quando due o tre vocali vicine sono pronunciate separatamente, con distinte emissioni di voce. Lo iato produce due diverse sillabe.
Si ha **iato** nei seguenti casi:
- quando si incontrano tra loro le vocali *a, e, o*: *po-e-ta, pa-e-se*.
- quando la *i* o la *u* sono accentate: *Ma-ri-a* /ma'ria/, *pa-u-ra* /pa'ura/.
- quando la *i* o la *u* sono seguite da *i, u*, e l'accento cade sulla prima vocale: *fu-i* /'fui/.
- quando la *i* fa parte del prefisso *-ri*: *ri-a-ve-re*.

La divisione in sillabe

• La **sillaba** è una unità formata da un gruppo di fonemi realizzati con una unica emissione di voce e costituisce un gruppo autonomo. Per formare una sillaba è sempre necessaria la presenza di una vocale.

• La divisione in sillabe (sillabazione) è utile nella scrittura, quando occorre andare a capo nella riga. Queste sono le principali regole di sillabazione:
- si dividono le consonanti doppie: *babbo = bab - bo.*
- si dividono i gruppi di due o tre consonanti, diverse fra loro, che non potrebbero mai trovarsi all'inizio di parola: *grande = gran-de, palma = pal - ma.*
- non si dividono i gruppi consonantici formati da *b, c, d, f, g, p, t, v + l, r*: *centrale = cen - tra - le.*
- non si divide *s* + consonante: *pasta = pa - sta.*
- non si dividono i gruppi di consonanti che si possono trovare ad inizio di parola: *aspro = a - spro (**spr**oposito).*
- una vocale iniziale di parola, seguita da consonante, forma da sola una sillaba e si divide dal resto della parola: *ala = a - la.*
- non si dividono i gruppi consonantici *gl, gn, sc, ch, gh, sch*, chiamati **digrammi** e **trigrammi**, seguiti da una o due vocali: *lavagna = la - va - gna.*
- non si dividono i dittonghi e i trittonghi; si dividono solo le vocali che formano iato: *ieri = ie - ri; paura = pa - u - ra.*

L'accento

• La maggiore intensità della voce che poniamo su una sillaba, quando pronunciamo una parola si chiama **accento.** La sillaba (e la vocale in essa contenuta) sulla quale cade l'accento si chiama **tonica**, le altre sillabe (e le vocali in esse contenute) si chiamano **atone**.

- L'accento può cadere su sillabe differenti nelle differenti parole. L'accento fonico non sempre viene segnalato nella grafia.

- La maggior parte delle parole italiane hanno l'accento sulla penultima sillaba e si chiamano parole **piane**: *andare* /an'dare/, *amico* /a'miko/, *mano* /'mano/.

- Alcune parole italiane hanno l'accento sulla vocale finale e si chiamano parole **tronche**. Le parole tronche hanno quasi sempre l'accento grafico: *caffè, perché, può, qui*.

- Alcune parole italiane, come ad esempio i superlativi in *-issimo* o le 6ª persone dei verbi di più sillabe (escluso quelle del futuro), hanno l'accento sulla terzultima sillaba (parole **sdrucciole**): *conoscere* /ko'noʃʃere/ *subito* /'subito/ *bellissimo* /bel'lissimo/ *ridono* /'ridono/ *ridevano* /ri'devano/. In pochissime parole l'accento cade sulla quartultima o quintultima sillaba: telefonagli /te'lɛfonaʎʎi/.

- L'accento è presente nella grafia (accento **grafico**) nelle due forme di **accento grave**, che segnala un suono aperto (è), e di **accento acuto**, che segnala un suono chiuso (*perché*).

È obbligatorio segnare l'accento nei seguenti casi:
- in parole polisillabiche tronche (accentate sull'ultima sillaba): *benché, sentirà*.
- in alcune parole monosillabiche che contengono due vocali; ad esempio, *può, giù*.
- in alcune parole monosillabiche per non confonderle con omonimi: *è* (verbo), *sì* (affermazione), *là* (pronome), *lì* (avverbio), *sé* (pronome) distinte da *e* (congiunzione), *si* (pronome), *la* (articolo, pronome), *li* (pronome), *se* (congiunzione).

L'accento grafico si segna anche sulle lettere maiuscole: *È bello essere di nuovo a casa!*

Gli avverbi *qui*, *qua* si scrivono senza accento grafico.

L'elisione

- Le parole italiane possono perdere la vocale finale davanti a un'altra parola che inizia per vocale. Questa caduta si chiama **elisione** e nella scrittura si indica con l'**apostrofo** (').

- Si ha normalmente l'elisione con gli articoli *una, lo, la*; con le preposizioni articolate composte con *lo, la*; con *questo, quello* al singolare: *l'amico, un'oca, nell'interno, quest'uomo.*

- Si ha spesso l'elisione con la preposizione *di*: *d'inverno.*

- Si ha sempre con *come + essere* (*com'è*) *ci + essere* (*c'era*) e con molte locuzioni come *d'altra parte, senz'altro, tutt'altro, nient'altro, mezz'ora,* ecc.

Il troncamento

Il **troncamento** (o apocope) è la caduta dell'ultimo elemento (sillaba, consonante, vocale) di una parola composta da più sillabe. Il troncamento si distingue dall'elisione perché può avvenire anche se la parola che segue inizia per consonante.

- Nel troncamento di solito **non si usa l'apostrofo**, ma ci sono alcune eccezioni come *po'* (troncamento di *poco*), *di'* (imperativo del verbo *dire*).

- Il troncamento è un fenomeno facoltativo, ma si fa sempre con *uno, alcuno, nessuno, ciascuno*: *un uomo, ciascun libro.*

- Il troncamento si fa di solito:
  - con *bello, grande* e *santo* davanti a parole che richiedono gli articoli *il* e *un*: *un bel cane, san Francesco.*
  - con i titoli onorifici seguiti dal nome proprio: *il signor Bruno, il commendator Bianchi.*
  - con *quale* nell'espressione *"qual è"*.

Le maiuscole

La lettera iniziale maiuscola si usa solo nei seguenti casi.
- Nella prima parola di un testo o la prima parola di una frase (dopo un punto, punto esclamativo, punto interrogativo): *Che cosa facciamo stasera? Andiamo al cinema?*
- Nei nomi e cognomi propri di persona: *Mario, Angela, Verdi.*
- Nei nomi di luogo: *Europa, Roma, via Stretta, piazza Navona.*
- Nei nomi di feste: *Natale, Pasqua.*

- Nei nomi di secoli: *il Trecento, il Novecento.*
- Nei titoli di libri, film, ecc.: *la Divina Commedia.*
- Nelle sigle: *ONU, CEE.*

Nelle lettere di tono molto formale si usa la lettera maiuscola tutte le volte che ci si riferisce, con un pronome o un possessivo, alla persona a cui la lettera è rivolta e verso la quale vogliamo essere reverenziali: *Egregio Signor Mini [...] La ringrazio per la Sua cortese attenzione e Le porgo distinti saluti.*

La punteggiatura

• Nella lingua scritta si usano soprattutto i seguenti segni di punteggiatura: il punto (**.**), la virgola (**,**), il punto e virgola (**;**), i due punti (**:**), il punto esclamativo (**!**), il punto interrogativo (**?**).

• Le regole della punteggiatura non sono molto rigide. Con la punteggiatura si esprime sia la struttura sintattica della frase, sia quella del testo; la punteggiatura è usata anche per esprimere significati emotivi, personali, per evidenziare contenuti informativi, ecc.
I principali valori dei segni di interpunzione sono i seguenti.
- Il **punto** conclude una frase e comunque indica una pausa forte.
- La **virgola** indica una pausa breve, ma non può separare elementi unitari come ad esempio il soggetto dal verbo o l'aggettivo dal nome; la virgola può separare elementi in una serie, parole di un elenco: *Per preparare un dolce c'è bisogno di latte, uova, zucchero.*
  La virgola può separare il soggetto dal verbo solo in presenza di una frase incidentale, che va segnalata tra due virgole: *Mario, dopo avere lavorato, andò a riposare.*
- Il **punto e virgola** indica una pausa di lunghezza intermedia fra quella del punto e quella della virgola; il punto e virgola può dividere, ad esempio, due frasi che fanno parte di un'enumerazione, ma che sono troppo lunghe per essere separate da una sola virgola: *Cristiano prepara l'esame di meccanica e studia molte ore al giorno; si tratta di un esame importante e molto difficile.*
- I **due punti** introducono un discorso diretto, un'enumerazione, una spiegazione, ecc.; i due punti segnalano una interruzione forte, ma non così forte come il punto: *Mario vuole questo: raggiungere il proprio obiettivo.*
- Il **punto interrogativo** si usa alla fine di una domanda: *Che ora è?*
- Il **punto esclamativo** si usa per segnalare le esclamazioni e, in genere, i valori enfatici: *Ah! che meraviglia!*

Tavole di coniugazione dei verbi irregolari più comuni

Andare

Indicativo

	Presente	Passato prossimo	Imperfetto	Trapassato prossimo
io	vado (vo)	sono andato/a	andavo	ero andato/a
tu	vai	sei andato/a	andavi	eri andato/a
egli/lei/lui	va	è andato/a	andava	era andato/a
noi	andiamo	siamo andati/e	andavamo	eravamo andati/e
voi	andate	siete andati/e	andavate	eravate andati/e
essi/esse/loro	vanno	sono andati/e	andavano	erano andati/e
	Passato remoto	**Trapassato remoto**	**Futuro semplice**	**Futuro anteriore**
io	andai	fui andato/a	andrò	sarò andato/a
tu	andasti	fosti andato/a	andrai	sarai andato/a
egli/lei/lui	andò	fu andato/a	andrà	sarà andato/a
noi	andammo	fummo andati/e	andremo	saremo andati/e
voi	andaste	foste andati/e	andrete	sarete andati/e
essi/esse/loro	andarono	furono andati/e	andranno	saranno andati/e

Congiuntivo

	Presente	Passato	Imperfetto	Trapassato
che io	vada	sia andato/a	andassi	fossi andato/a
che tu	vada	sia andato/a	andassi	fossi andato/a
che egli/lei/lui	vada	sia andato/a	andasse	fosse andato/a
che noi	andiamo	siamo andati/e	andassimo	fossimo andati/e
che voi	andiate	siate andati/e	andaste	foste andati/e
che essi/esse/loro	vadano	siano andati/e	andassero	fossero andati/e

Condizionale / Imperativo

	Condizionale Presente	Condizionale Passato	Imperativo Presente
io	andrei	sarei andato/a	–
tu	andresti	saresti andato/a	va/va'/vai
egli/lei/lui	andrebbe	sarebbe andato/a	vada
noi	andremmo	saremmo andati/e	andiamo
voi	andreste	sareste andati/e	andate
essi/esse/loro	andrebbero	sarebbero andati/e	vadano

Infinito Presente	Infinito Passato	Participio Presente	Participio Passato	Gerundio Presente	Gerundio Passato
andare	essere andato	andante	andato	andando	essendo andato

Bere

Indicativo

	Presente	Passato prossimo	Imperfetto	Trapassato prossimo
io	bevo	ho bevuto	bevevo	avevo bevuto
tu	bevi	hai bevuto	bevevi	avevi bevuto
egli/lei/lui	beve	ha bevuto	beveva	aveva bevuto
noi	beviamo	abbiamo bevuto	bevevamo	avevamo bevuto
voi	bevete	avete bevuto	bevevate	avevate bevuto
essi/esse/loro	bevono	hanno bevuto	bevevano	avevano bevuto
	Passato remoto	**Trapassato remoto**	**Futuro semplice**	**Futuro anteriore**
io	bevvi	ebbi bevuto	berrò	avrò bevuto
tu	bevesti	avesti bevuto	berrai	avrai bevuto
egli/lei/lui	bevve	ebbe bevuto	berrà	avrà bevuto
noi	bevemmo	avemmo bevuto	berremo	avremo bevuto
voi	beveste	aveste bevuto	berrete	avrete bevuto
essi/esse/loro	bevvero	ebbero bevuto	berranno	avranno bevuto

Congiuntivo

	Presente	Passato	Imperfetto	Trapassato
che io	beva	abbia bevuto	bevessi	avessi bevuto
che tu	beva	abbia bevuto	bevessi	avessi bevuto
che egli/lei/lui	beva	abbia bevuto	bevesse	avesse bevuto
che noi	beviamo	abbiamo bevuto	bevessimo	avessimo bevuto
che voi	beviate	abbiate bevuto	beveste	aveste bevuto
che essi/esse/loro	bevano	abbiano bevuto	bevessero	avessero bevuto

Condizionale / Imperativo

	Condizionale Presente	Condizionale Passato	Imperativo Presente
io	berrei	avrei bevuto	–
tu	berresti	avresti bevuto	bevi
egli/lei/lui	berrebbe	avrebbe bevuto	beva
noi	berremmo	avremmo bevuto	beviamo
voi	berreste	avreste bevuto	bevete
essi/esse/loro	berrebbero	avrebbero bevuto	bevano

Infinito / Participio / Gerundio

Infinito Presente	Infinito Passato	Participio Presente	Participio Passato	Gerundio Presente	Gerundio Passato
bere	avere bevuto	bevente	bevuto	bevendo	avendo bevuto

Dare

Indicativo

	Presente	Passato prossimo	Imperfetto	Trapassato prossimo
io	do	ho dato	davo	avevo dato
tu	dai	hai dato	davi	avevi dato
egli/lei/lui	dà	ha dato	dava	aveva dato
noi	diamo	abbiamo dato	davamo	avevamo dato
voi	date	avete dato	davate	avevate dato
essi/esse/loro	danno	hanno dato	davano	avevano dato
	Passato remoto	**Trapassato remoto**	**Futuro semplice**	**Futuro anteriore**
io	diedi/detti	ebbi dato	darò	avrò dato
tu	desti	avesti dato	darai	avrai dato
egli/lei/lui	diede/dette	ebbe dato	darà	avrà dato
noi	demmo	avemmo dato	daremo	avremo dato
voi	deste	aveste dato	darete	avrete dato
essi/esse/loro	diedero/dettero	ebbero dato	daranno	avranno dato

Congiuntivo

	Presente	Passato	Imperfetto	Trapassato
che io	dia	abbia dato	dessi	avessi dato
che tu	dia	abbia dato	dessi	avessi dato
che egli/lei/lui	dia	abbia dato	desse	avesse dato
che noi	diamo	abbiamo dato	dessimo	avessimo dato
che voi	diate	abbiate dato	deste	aveste dato
che essi/esse/loro	diano	abbiano dato	dessero	avessero dato

Condizionale / Imperativo

	Condizionale Presente	Condizionale Passato	Imperativo Presente
io	darei	avrei dato	–
tu	daresti	avresti dato	da'/da/dai
egli/lei/lui	darebbe	avrebbe dato	dia
noi	daremmo	avremmo dato	diamo
voi	dareste	avreste dato	date
essi/esse/loro	darebbero	avrebbero dato	diano

Infinito Presente	Infinito Passato	Participio Presente	Participio Passato	Gerundio Presente	Gerundio Passato
dare	avere dato	–	dato	dando	avendo dato

Dire

Indicativo

	Presente	Passato prossimo	Imperfetto	Trapassato prossimo
io	dico	ho detto	dicevo	avevo detto
tu	dici	hai detto	dicevi	avevi detto
egli/lei/lui	dice	ha detto	diceva	aveva detto
noi	diciamo	abbiamo detto	dicevamo	avevamo detto
voi	dite	avete detto	dicevate	avevate detto
essi/esse/loro	dicono	hanno detto	dicevano	avevano detto
	Passato remoto	**Trapassato remoto**	**Futuro semplice**	**Futuro anteriore**
io	dissi	ebbi detto	dirò	avrò detto
tu	dicesti	avesti detto	dirai	avrai detto
egli/lei/lui	disse	ebbe detto	dirà	avrà detto
noi	dicemmo	avemmo detto	diremo	avremo detto
voi	diceste	aveste detto	direte	avrete detto
essi/esse/loro	dissero	ebbero detto	diranno	avranno detto

Congiuntivo

	Presente	Passato	Imperfetto	Trapassato
che io	dica	abbia detto	dicessi	avessi detto
che tu	dica	abbia detto	dicessi	avessi detto
che egli/lei/lui	dica	abbia detto	dicesse	avesse detto
che noi	diciamo	abbiamo detto	dicessimo	avessimo detto
che voi	diciate	abbiate detto	diceste	aveste detto
che essi/esse/loro	dicano	abbiano detto	dicessero	avessero detto

Condizionale / Imperativo

	Condizionale Presente	Condizionale Passato	Imperativo Presente
io	direi	avrei detto	–
tu	diresti	avresti detto	di'/dì
egli/lei/lui	direbbe	avrebbe detto	dica
noi	diremmo	avremmo detto	diciamo
voi	direste	avreste detto	dite
essi/esse/loro	direbbero	avrebbero detto	dicano

Infinito / Participio / Gerundio

Infinito Presente	Infinito Passato	Participio Presente	Participio Passato	Gerundio Presente	Gerundio Passato
dire	avere detto	dicente	detto	dicendo	avendo detto

Dovere

Indicativo

	Presente	Passato prossimo	Imperfetto	Trapassato prossimo
io	devo/debbo	ho dovuto	dovevo	avevo dovuto
tu	devi	hai dovuto	dovevi	avevi dovuto
egli/lei/lui	deve	ha dovuto	doveva	aveva dovuto
noi	dobbiamo	abbiamo dovuto	dovevamo	avevamo dovuto
voi	dovete	avete dovuto	dovevate	avevate dovuto
essi/esse/loro	devono/debbono	hanno dovuto	dovevano	avevano dovuto
	Passato remoto	**Trapassato remoto**	**Futuro semplice**	**Futuro anteriore**
io	dovei/dovetti	ebbi dovuto	dovrò	avrò dovuto
tu	dovesti	avesti dovuto	dovrai	avrai dovuto
egli/lei/lui	dové/dovette	ebbe dovuto	dovrà	avrà dovuto
noi	dovemmo	avemmo dovuto	dovremo	avremo dovuto
voi	doveste	aveste dovuto	dovrete	avrete dovuto
essi/esse/loro	doverono/dovettero	ebbero dovuto	dovranno	avranno dovuto

Congiuntivo

	Presente	Passato	Imperfetto	Trapassato
che io	deva/debba	abbia dovuto	dovessi	avessi dovuto
che tu	deva/debba	abbia dovuto	dovessi	avessi dovuto
che egli/lei/lui	deva/debba	abbia dovuto	dovesse	avesse dovuto
che noi	dobbiamo	abbiamo dovuto	dovessimo	avessimo dovuto
che voi	dobbiate	abbiate dovuto	doveste	aveste dovuto
che essi/esse/loro	devano/debbano	abbiano dovuto	dovessero	avessero dovuto

Condizionale / Imperativo

	Condizionale Presente	Condizionale Passato	Imperativo Presente
io	dovrei	avrei dovuto	–
tu	dovresti	avresti dovuto	
egli/lei/lui	dovrebbe	avrebbe dovuto	
noi	dovremmo	avremmo dovuto	
voi	dovreste	avreste dovuto	
essi/esse/loro	dovrebbero	avrebbero dovuto	

Infinito		Participio		Gerundio	
Presente	**Passato**	**Presente**	**Passato**	**Presente**	**Passato**
dovere	avere dovuto	–	dovuto	dovendo	avendo dovuto

▶ Il verbo *dovere* può anche avere l'ausiliare *essere*.

Fare

Indicativo

	Presente	Passato prossimo	Imperfetto	Trapassato prossimo
io	faccio/fo	ho fatto	facevo	avevo fatto
tu	fai	hai fatto	facevi	avevi fatto
egli/lei/lui	fa	ha fatto	faceva	aveva fatto
noi	facciamo	abbiamo fatto	facevamo	avevamo fatto
voi	fate	avete fatto	facevate	avevate fatto
essi/esse/loro	fanno	hanno fatto	facevano	avevano fatto
	Passato remoto	**Trapassato remoto**	**Futuro semplice**	**Futuro anteriore**
io	feci	ebbi fatto	farò	avrò fatto
tu	facesti	avesti fatto	farai	avrai fatto
egli/lei/lui	fece	ebbe fatto	farà	avrà fatto
noi	facemmo	avemmo fatto	faremo	avremo fatto
voi	faceste	aveste fatto	farete	avrete fatto
essi/esse/loro	fecero	ebbero fatto	faranno	avranno fatto

Congiuntivo

	Presente	Passato	Imperfetto	Trapassato
che io	faccia	abbia fatto	facessi	avessi fatto
che tu	faccia	abbia fatto	facessi	avessi fatto
che egli/lei/lui	faccia	abbia fatto	facesse	avesse fatto
che noi	facciamo	abbiamo fatto	facessimo	avessimo fatto
che voi	facciate	abbiate fatto	faceste	aveste fatto
che essi/esse/loro	facciano	abbiano fatto	facessero	avessero fatto

Condizionale / Imperativo

	Condizionale Presente	Condizionale Passato	Imperativo Presente
io	farei	avrei fatto	–
tu	faresti	avresti fatto	fa'/fa/fai
egli/lei/lui	farebbe	avrebbe fatto	faccia
noi	faremmo	avremmo fatto	facciamo
voi	fareste	avreste fatto	fate
essi/esse/loro	farebbero	avrebbero fatto	facciano

Infinito / Participio / Gerundio

Infinito Presente	Infinito Passato	Participio Presente	Participio Passato	Gerundio Presente	Gerundio Passato
fare	avere fatto	facente	fatto	facendo	avendo fatto

Morire

Indicativo

	Presente	Passato prossimo	Imperfetto	Trapassato prossimo
io	muoio	sono morto/a	morivo	ero morto/a
tu	muori	sei morto/a	morivi	eri morto/a
egli/lei/lui	muore	è morto/a	moriva	era morto/a
noi	moriamo	siamo morti/e	morivamo	eravamo morti/e
voi	morite	siete morti/e	morivate	eravate morti/e
essi/esse/loro	muoiono	sono morti/e	morivano	erano morti/e
	Passato remoto	**Trapassato remoto**	**Futuro semplice**	**Futuro anteriore**
io	morii	fui morto/a	morirò	sarò morto/a
tu	moristi	fosti morto/a	morirai	sarai morto/a
egli/lei/lui	morì	fu morto/a	morirà	sarà morto/a
noi	morimmo	fummo morti/e	moriremo	saremo morti/e
voi	moriste	foste morti/e	morirete	sarete morti/e
essi/esse/loro	morirono	furono morti/e	moriranno	saranno morti/e

Congiuntivo

	Presente	Passato	Imperfetto	Trapassato
che io	muoia	sia morto/a	morissi	fossi morto/a
che tu	muoia	sia morto/a	morissi	fossi morto/a
che egli/lei/lui	muoia	sia morto/a	morisse	fosse morto/a
che noi	moriamo	siamo morti/e	morissimo	fossimo morti/e
che voi	moriate	siate morti/e	moriste	foste morti/e
che essi/esse/loro	muoiano	siano morti/e	morissero	fossero morti/e

Condizionale / Imperativo

	Condizionale Presente	Condizionale Passato	Imperativo Presente
io	morirei	sarei morto/a	–
tu	moriresti	saresti morto/a	muori
egli/lei/lui	morirebbe	sarebbe morto/a	muoia
noi	moriremmo	saremmo morti/e	moriamo
voi	morireste	sareste morti/e	morite
essi/esse/loro	morirebbero	sarebbero morti/e	muoiano

Infinito / Participio / Gerundio

Infinito Presente	Infinito Passato	Participio Presente	Participio Passato	Gerundio Presente	Gerundio Passato
morire	essere morto	morente	morto	morendo	essendo morto

Piacere

Indicativo

	Presente	Passato prossimo	Imperfetto	Trapassato prossimo
io	piaccio	sono piaciuto/a	piacevo	ero piaciuto/a
tu	piaci	sei piaciuto/a	piacevi	eri piaciuto/a
egli/lei/lui	piace	è piaciuto/a	piaceva	era piaciuto/a
noi	piacciamo	siamo piaciuti/e	piacevamo	eravamo piaciuti/e
voi	piacete	siete piaciuti/e	piacevate	eravate piaciuti/e
essi/esse/loro	piacciono	sono piaciuti/e	piacevano	erano piaciuti/e
	Passato remoto	**Trapassato remoto**	**Futuro semplice**	**Futuro anteriore**
io	piacqui	fui piaciuto/a	piacerò	sarò piaciuto/a
tu	piacesti	fosti piaciuto/a	piacerai	sarai piaciuto/a
egli/lei/lui	piacque	fu piaciuto/a	piacerà	sarà piaciuto/a
noi	piacemmo	fummo piaciuti/e	piaceremo	saremo piaciuti/e
voi	piaceste	foste piaciuti/e	piacerete	sarete piaciuti/e
essi/esse/loro	piacquero	furono piaciuti/e	piaceranno	saranno piaciuti/e

Congiuntivo

	Presente	Passato	Imperfetto	Trapassato
che io	piaccia	sia piaciuto/a	piacessi	fossi piaciuto/a
che tu	piaccia	sia piaciuto/a	piacessi	fossi piaciuto/a
che egli/lei/lui	piaccia	sia piaciuto/a	piacesse	fosse piaciuto/a
che noi	piacciamo	siamo piaciuti/e	piacessimo	fossimo piaciuti/e
che voi	piacciate	siate piaciuti/e	piaceste	foste piaciuti/e
che essi/esse/loro	piacciano	siano piaciuti/e	piacessero	fossero piaciuti/e

Condizionale / Imperativo

	Condizionale Presente	Condizionale Passato	Imperativo Presente
io	piacerei	sarei piaciuto/a	–
tu	piaceresti	saresti piaciuto/a	piaci
egli/lei/lui	piacerebbe	sarebbe piaciuto/a	piaccia
noi	piaceremmo	saremmo piaciuti/e	piacciamo
voi	piacereste	sareste piaciuti/e	piacete
essi/esse/loro	piacerebbero	sarebbero piaciuti/e	piacciano

Infinito / Participio / Gerundio

Infinito Presente	Infinito Passato	Participio Presente	Participio Passato	Gerundio Presente	Gerundio Passato
piacere	essere piaciuto	piacente	piaciuto	piacendo	essendo piaciuto

Potere

Indicativo

	Presente	Passato prossimo	Imperfetto	Trapassato prossimo
io	posso	ho potuto	potevo	avevo potuto
tu	puoi	hai potuto	potevi	avevi potuto
egli/lei/lui	può	ha potuto	poteva	aveva potuto
noi	possiamo	abbiamo potuto	potevamo	avevamo potuto
voi	potete	avete potuto	potevate	avevate potuto
essi/esse/loro	possono	hanno potuto	potevano	avevano potuto
	Passato remoto	**Trapassato remoto**	**Futuro semplice**	**Futuro anteriore**
io	potei/potetti	ebbi potuto	potrò	avrò potuto
tu	potesti	avesti potuto	potrai	avrai potuto
egli/lei/lui	poté/potette	ebbe potuto	potrà	avrà potuto
noi	potemmo	avemmo potuto	potremo	avremo potuto
voi	poteste	aveste potuto	potrete	avrete potuto
essi/esse/loro	poterono/potettero	ebbero potuto	potranno	avranno potuto

Congiuntivo

	Presente	Passato	Imperfetto	Trapassato
che io	possa	abbia potuto	potessi	avessi potuto
che tu	possa	abbia potuto	potessi	avessi potuto
che egli/lei/lui	possa	abbia potuto	potesse	avesse potuto
che noi	possiamo	abbiamo potuto	potessimo	avessimo potuto
che voi	possiate	abbiate potuto	poteste	aveste potuto
che essi/esse/loro	possano	abbiano potuto	potessero	avessero potuto

Condizionale / Imperativo

	Presente	Passato	Imperativo – Presente
io	potrei	avrei potuto	–
tu	potresti	avresti potuto	
egli/lei/lui	potrebbe	avrebbe potuto	
noi	potremmo	avremmo potuto	
voi	potreste	avreste potuto	
essi/esse/loro	potrebbero	avrebbero potuto	

Infinito		Participio		Gerundio	
Presente	**Passato**	**Presente**	**Passato**	**Presente**	**Passato**
potere	avere potuto	potente	potuto	potendo	avendo potuto

▶ Il verbo *potere* può anche avere l'ausiliare *essere*.

Sapere

Indicativo

	Presente	Passato prossimo	Imperfetto	Trapassato prossimo
io	so	ho saputo	sapevo	avevo saputo
tu	sai	hai saputo	sapevi	avevi saputo
egli/lei/lui	sa	ha saputo	sapeva	aveva saputo
noi	sappiamo	abbiamo saputo	sapevamo	avevamo saputo
voi	sapete	avete saputo	sapevate	avevate saputo
essi/esse/loro	sanno	hanno saputo	sapevano	avevano saputo
	Passato remoto	**Trapassato remoto**	**Futuro semplice**	**Futuro anteriore**
io	seppi	ebbi saputo	saprò	avrò saputo
tu	sapesti	avesti saputo	saprai	avrai saputo
egli/lei/lui	seppe	ebbe saputo	saprà	avrà saputo
noi	sapemmo	avemmo saputo	sapremo	avremo saputo
voi	sapeste	aveste saputo	saprete	avrete saputo
essi/esse/loro	seppero	ebbero saputo	sapranno	avranno saputo

Congiuntivo

	Presente	Passato	Imperfetto	Trapassato
che io	sappia	abbia saputo	sapessi	avessi saputo
che tu	sappia	abbia saputo	sapessi	avessi saputo
che egli/lei/lui	sappia	abbia saputo	sapesse	avesse saputo
che noi	sappiamo	abbiamo saputo	sapessimo	avessimo saputo
che voi	sappiate	abbiate saputo	sapeste	aveste saputo
che essi/esse/loro	sappiano	abbiano saputo	sapessero	avessero saputo

Condizionale / Imperativo

	Condizionale Presente	Condizionale Passato	Imperativo Presente
io	saprei	avrei saputo	–
tu	sapresti	avresti saputo	sappi
egli/lei/lui	saprebbe	avrebbe saputo	sappia
noi	sapremmo	avremmo saputo	sappiamo
voi	sapreste	avreste saputo	sappiate
essi/esse/loro	saprebbero	avrebbero saputo	sappiano

Infinito / Participio / Gerundio

Infinito Presente	Infinito Passato	Participio Presente	Participio Passato	Gerundio Presente	Gerundio Passato
sapere	avere saputo	sapiente	saputo	sapendo	avendo saputo

Scegliere

Indicativo

	Presente	Passato prossimo	Imperfetto	Trapassato prossimo
io	scelgo	ho scelto	sceglievo	avevo scelto
tu	scegli	hai scelto	sceglievi	avevi scelto
egli/lei/lui	sceglie	ha scelto	sceglieva	aveva scelto
noi	scegliamo	abbiamo scelto	sceglievamo	avevamo scelto
voi	scegliete	avete scelto	sceglievate	avevate scelto
essi/esse/loro	scelgono	hanno scelto	sceglievano	avevano scelto
	Passato remoto	**Trapassato remoto**	**Futuro semplice**	**Futuro anteriore**
io	scelsi	ebbi scelto	sceglierò	avrò scelto
tu	scegliesti	avesti scelto	sceglierai	avrai scelto
egli/lei/lui	scelse	ebbe scelto	sceglierà	avrà scelto
noi	scegliemmo	avemmo scelto	sceglieremo	avremo scelto
voi	sceglieste	aveste scelto	sceglierete	avrete scelto
essi/esse/loro	scelsero	ebbero scelto	sceglieranno	avranno scelto

Congiuntivo

	Presente	Passato	Imperfetto	Trapassato
che io	scelga	abbia scelto	scegliessi	avessi scelto
che tu	scelga	abbia scelto	scegliessi	avessi scelto
che egli/lei/lui	scelga	abbia scelto	scegliesse	avesse scelto
che noi	scegliamo	abbiamo scelto	scegliessimo	avessimo scelto
che voi	scegliate	abbiate scelto	sceglieste	aveste scelto
che essi/esse/loro	scelgano	abbiano scelto	scegliessero	avessero scelto

Condizionale / Imperativo

	Condizionale Presente	Condizionale Passato	Imperativo Presente
io	sceglierei	avrei scelto	–
tu	sceglieresti	avresti scelto	scegli
egli/lei/lui	sceglierebbe	avrebbe scelto	scelga
noi	sceglieremmo	avremmo scelto	scegliamo
voi	scegliereste	avreste scelto	scegliete
essi/esse/loro	sceglierebbero	avrebbero scelto	scelgano

Infinito Presente	Infinito Passato	Participio Presente	Participio Passato	Gerundio Presente	Gerundio Passato
scegliere	avere scelto	scegliente	scelto	scegliendo	avendo scelto

Stare

Indicativo

	Presente	Passato prossimo	Imperfetto	Trapassato prossimo
io	sto	sono stato/a	stavo	ero stato/a
tu	stai	sei stato/a	stavi	eri stato/a
egli/lei/lui	sta	è stato/a	stava	era stato/a
noi	stiamo	siamo stati/e	stavamo	eravamo stati/e
voi	state	siete stati/e	stavate	eravate stati/e
essi/esse/loro	stanno	sono stati/e	stavano	erano stati/e
	Passato remoto	**Trapassato remoto**	**Futuro semplice**	**Futuro anteriore**
io	stetti	fui stato/a	starò	sarò stato/a
tu	stesti	fosti stato/a	starai	sarai stato/a
egli/lei/lui	stette	fu stato/a	starà	sarà stato/a
noi	stemmo	fummo stati/e	staremo	saremo stati/e
voi	steste	foste stati/e	starete	sarete stati/e
essi/esse/loro	stettero	furono stati/e	staranno	saranno stati/e

Congiuntivo

	Presente	Passato	Imperfetto	Trapassato
che io	stia	sia stato/a	stessi	fossi stato/a
che tu	stia	sia stato/a	stessi	fossi stato/a
che egli/lei/lui	stia	sia stato/a	stesse	fosse stato/a
che noi	stiamo	siamo stati/e	stessimo	fossimo stati/e
che voi	stiate	siate stati/e	steste	foste stati/e
che essi/esse/loro	stiano	siano stati/e	stessero	fossero stati/e

Condizionale / Imperativo

	Condizionale Presente	Condizionale Passato	Imperativo Presente
io	starei	sarei stato/a	–
tu	staresti	saresti stato/a	sta'/sta/stai
egli/lei/lui	starebbe	sarebbe stato/a	stia
noi	staremmo	saremmo stati/e	stiamo
voi	stareste	sareste stati/e	state
essi/esse/loro	starebbero	sarebbero stati/e	stiano

Infinito / Participio / Gerundio

Infinito Presente	Infinito Passato	Participio Presente	Participio Passato	Gerundio Presente	Gerundio Passato
stare	essere stato	stante	stato	stando	essendo stato

Tenere

Indicativo

	Presente	Passato prossimo	Imperfetto	Trapassato prossimo
io	tengo	ho tenuto	tenevo	avevo tenuto
tu	tieni	hai tenuto	tenevi	avevi tenuto
egli/lei/lui	tiene	ha tenuto	teneva	aveva tenuto
noi	teniamo	abbiamo tenuto	tenevamo	avevamo tenuto
voi	tenete	avete tenuto	tenevate	avevate tenuto
essi/esse/loro	tengono	hanno tenuto	tenevano	avevano tenuto
	Passato remoto	**Trapassato remoto**	**Futuro semplice**	**Futuro anteriore**
io	tenni	ebbi tenuto	terrò	avrò tenuto
tu	tenesti	avesti tenuto	terrai	avrai tenuto
egli/lei/lui	tenne	ebbe tenuto	terrà	avrà tenuto
noi	tenemmo	avemmo tenuto	terremo	avremo tenuto
voi	teneste	aveste tenuto	terrete	avrete tenuto
essi/esse/loro	tennero	ebbero tenuto	terranno	avranno tenuto

Congiuntivo

	Presente	Passato	Imperfetto	Trapassato
che io	tenga	abbia tenuto	tenessi	avessi tenuto
che tu	tenga	abbia tenuto	tenessi	avessi tenuto
che egli/lei/lui	tenga	abbia tenuto	tenesse	avesse tenuto
che noi	teniamo	abbiamo tenuto	tenessimo	avessimo tenuto
che voi	teniate	abbiate tenuto	teneste	aveste tenuto
che essi/esse/loro	tengano	abbiano tenuto	tenessero	avessero tenuto

Condizionale / Imperativo

	Condizionale Presente	Condizionale Passato	Imperativo Presente
io	terrei	avrei tenuto	–
tu	terresti	avresti tenuto	tieni
egli/lei/lui	terrebbe	avrebbe tenuto	tenga
noi	terremmo	avremmo tenuto	teniamo
voi	terreste	avreste tenuto	tenete
essi/esse/loro	terrebbero	avrebbero tenuto	tengano

Infinito Presente	Infinito Passato	Participio Presente	Participio Passato	Gerundio Presente	Gerundio Passato
tenere	avere tenuto	tenente	tenuto	tenendo	avendo tenuto

➧ Si coniugano come tenere: *Appartenere - Contenere - Mantenere - Ottenere - Ritenere - Sostenere - Trattenere.*

Tradurre

Indicativo

	Presente	Passato prossimo	Imperfetto	Trapassato prossimo
io	traduco	ho tradotto	traducevo	avevo tradotto
tu	traduci	hai tradotto	traducevi	avevi tradotto
egli/lei/lui	traduce	ha tradotto	traduceva	aveva tradotto
noi	traduciamo	abbiamo tradotto	traducevamo	avevamo tradotto
voi	traducete	avete tradotto	traducevate	avevate tradotto
essi/esse/loro	traducono	hanno tradotto	traducevano	avevano tradotto
	Passato remoto	**Trapassato remoto**	**Futuro semplice**	**Futuro anteriore**
io	tradussi	ebbi tradotto	tradurrò	avrò tradotto
tu	traducesti	avesti tradotto	tradurrai	avrai tradotto
egli/lei/lui	tradusse	ebbe tradotto	tradurrà	avrà tradotto
noi	traducemmo	avemmo tradotto	tradurremo	avremo tradotto
voi	traduceste	aveste tradotto	tradurrete	avrete tradotto
essi/esse/loro	tradussero	ebbero tradotto	tradurranno	avranno tradotto

Congiuntivo

	Presente	Passato	Imperfetto	Trapassato
che io	traduca	abbia tradotto	traducessi	avessi tradotto
che tu	traduca	abbia tradotto	traducessi	avessi tradotto
che egli/lei/lui	traduca	abbia tradotto	traducesse	avesse tradotto
che noi	traduciamo	abbiamo tradotto	traducessimo	avessimo tradotto
che voi	traduciate	abbiate tradotto	traduceste	aveste tradotto
che essi/esse/loro	traducano	abbiano tradotto	traducessero	avessero tradotto

Condizionale / Imperativo

	Condizionale Presente	Condizionale Passato	Imperativo Presente
io	tradurrei	avrei tradotto	–
tu	tradurresti	avresti tradotto	traduci
egli/lei/lui	tradurrebbe	avrebbe tradotto	traduca
noi	tradurremmo	avremmo tradotto	traduciamo
voi	tradurreste	avreste tradotto	traducete
essi/esse/loro	tradurrebbero	avrebbero tradotto	traducano

Infinito Presente	Infinito Passato	Participio Presente	Participio Passato	Gerundio Presente	Gerundio Passato
tradurre	avere tradotto	traducente	tradotto	traducendo	avendo tradotto

Uscire

Indicativo

	Presente	Passato prossimo	Imperfetto	Trapassato prossimo
io	esco	sono uscito/a	uscivo	ero uscito/a
tu	esci	sei uscito/a	uscivi	eri uscito/a
egli/lei/lui	esce	è uscito/a	usciva	era uscito/a
noi	usciamo	siamo usciti/e	uscivamo	eravamo usciti/e
voi	uscite	siete usciti/e	uscivate	eravate usciti/e
essi/esse/loro	escono	sono usciti/e	uscivano	erano usciti/e
	Passato remoto	**Trapassato remoto**	**Futuro semplice**	**Futuro anteriore**
io	uscii	fui uscito/a	uscirò	sarò uscito/a
tu	uscisti	fosti uscito/a	uscirai	sarai uscito/a
egli/lei/lui	uscì	fu uscito/a	uscirà	sarà uscito/a
noi	uscimmo	fummo usciti/e	usciremo	saremo usciti/e
voi	usciste	foste usciti/e	uscirete	sarete usciti/e
essi/esse/loro	uscirono	furono usciti/e	usciranno	saranno usciti/e

Congiuntivo

	Presente	Passato	Imperfetto	Trapassato
che io	esca	sia uscito/a	uscissi	fossi uscito/a
che tu	esca	sia uscito/a	uscissi	fossi uscito/a
che egli/lei/lui	esca	sia uscito/a	uscisse	fosse uscito/a
che noi	usciamo	siamo usciti/e	uscissimo	fossimo usciti/e
che voi	usciate	siate usciti/e	usciste	foste usciti/e
che essi/esse/loro	escano	siano usciti/e	uscissero	fossero usciti/e

Condizionale / Imperativo

	Condizionale Presente	Condizionale Passato	Imperativo Presente
io	uscirei	sarei uscito/a	–
tu	usciresti	saresti uscito/a	esci
egli/lei/lui	uscirebbe	sarebbe uscito/a	esca
noi	usciremmo	saremmo usciti/e	usciamo
voi	uscireste	sareste usciti/e	uscite
essi/esse/loro	uscirebbero	sarebbero usciti/e	escano

Infinito / Participio / Gerundio

Infinito Presente	Infinito Passato	Participio Presente	Participio Passato	Gerundio Presente	Gerundio Passato
uscire	essere uscito	uscente	uscito	uscendo	essendo uscito

Vedere

Indicativo

	Presente	Passato prossimo	Imperfetto	Trapassato prossimo
io	vedo	ho visto/veduto	vedevo	avevo visto/veduto
tu	vedi	hai visto/veduto	vedevi	avevi visto/veduto
egli/lei/lui	vede	ha visto/veduto	vedeva	aveva visto/veduto
noi	vediamo	abbiamo visto/veduto	vedevamo	avevamo visto/veduto
voi	vedete	avete visto/veduto	vedevate	avevate visto/veduto
essi/esse/loro	vedono	hanno visto/veduto	vedevano	avevano visto/veduto
	Passato remoto	**Trapassato remoto**	**Futuro semplice**	**Futuro anteriore**
io	vidi	ebbi visto/veduto	vedrò	avrò visto/veduto
tu	vedesti	avesti visto/veduto	vedrai	avrai visto/veduto
egli/lei/lui	vide	ebbe visto/veduto	vedrà	avrà visto/veduto
noi	vedemmo	avemmo visto/veduto	vedremo	avremo visto/veduto
voi	vedeste	aveste visto/veduto	vedrete	avrete visto/veduto
essi/esse/loro	videro	ebbero visto/veduto	vedranno	avranno visto/veduto

Congiuntivo

	Presente	Passato	Imperfetto	Trapassato
che io	veda	abbia visto/veduto	vedessi	avessi visto/veduto
che tu	veda	abbia visto/veduto	vedessi	avessi visto/veduto
che egli/lei/lui	veda	abbia visto/veduto	vedesse	avesse visto/veduto
che noi	vediamo	abbiamo visto/veduto	vedessimo	avessimo visto/veduto
che voi	vediate	abbiate visto/veduto	vedeste	aveste visto/veduto
che essi/esse/loro	vedano	abbiano visto/veduto	vedessero	avessero visto/veduto

Condizionale / Imperativo

	Condizionale Presente	Condizionale Passato	Imperativo Presente
io	vedrei	avrei visto/veduto	–
tu	vedresti	avresti visto/veduto	vedi
egli/lei/lui	vedrebbe	avrebbe visto/veduto	veda
noi	vedremmo	avremmo visto/veduto	vediamo
voi	vedreste	avreste visto/veduto	vedete
essi/esse/loro	vedrebbero	avrebbero visto/veduto	vedano

Infinito / Participio / Gerundio

Infinito Presente	Infinito Passato	Participio Presente	Participio Passato	Gerundio Presente	Gerundio Passato
vedere	avere visto/veduto	vedente	visto/veduto	vedendo	avendo visto/veduto

➧ Si coniugano come vedere: *Prevedere - Provvedere - Rivedere.*

Venire

Indicativo

	Presente	Passato prossimo	Imperfetto	Trapassato prossimo
io	vengo	sono venuto/a	venivo	ero venuto/a
tu	vieni	sei venuto/a	venivi	eri venuto/a
egli/lei/lui	viene	è venuto/a	veniva	era venuto/a
noi	veniamo	siamo venuti/e	venivamo	eravamo venuti/e
voi	venite	siete venuti/e	venivate	eravate venuti/e
essi/esse/loro	vengono	sono venuti/e	venivano	erano venuti/e
	Passato remoto	**Trapassato remoto**	**Futuro semplice**	**Futuro anteriore**
io	venni	fui venuto/a	verrò	sarò venuto/a
tu	venisti	fosti venuto/a	verrai	sarai venuto/a
egli/lei/lui	venne	fu venuto/a	verrà	sarà venuto/a
noi	venimmo	fummo venuti/e	verremo	saremo venuti/e
voi	veniste	foste venuti/e	verrete	sarete venuti/e
essi/esse/loro	vennero	furono venuti/e	verranno	saranno venuti/e

Congiuntivo

	Presente	Passato	Imperfetto	Trapassato
che io	venga	sia venuto/a	venissi	fossi venuto/a
che tu	venga	sia venuto/a	venissi	fossi venuto/a
che egli/lei/lui	venga	sia venuto/a	venisse	fosse venuto/a
che noi	veniamo	siamo venuti/e	venissimo	fossimo venuti/e
che voi	veniate	siate venuti/e	veniste	foste venuti/e
che essi/esse/loro	vengano	siano venuti/e	venissero	fossero venuti/e

Condizionale / Imperativo

	Condizionale Presente	Condizionale Passato	Imperativo Presente
io	verrei	sarei venuto/a	–
tu	verresti	saresti venuto/a	vieni
egli/lei/lui	verrebbe	sarebbe venuto/a	venga
noi	verremmo	saremmo venuti/e	veniamo
voi	verreste	sareste venuti/e	venite
essi/esse/loro	verrebbero	sarebbero venuti/e	vengano

Infinito / Participio / Gerundio

Infinito Presente	Infinito Passato	Participio Presente	Participio Passato	Gerundio Presente	Gerundio Passato
venire	essere venuto	veniente	venuto	venendo	essendo venuto

Volere

Indicativo

	Presente	Passato prossimo	Imperfetto	Trapassato prossimo
io	voglio	ho voluto	volevo	avevo voluto
tu	vuoi	hai voluto	volevi	avevi voluto
egli/lei/lui	vuole	ha voluto	voleva	aveva voluto
noi	vogliamo	abbiamo voluto	volevamo	avevamo voluto
voi	volete	avete voluto	volevate	avevate voluto
essi/esse/loro	vogliono	hanno voluto	volevano	avevano voluto
	Passato remoto	**Trapassato remoto**	**Futuro semplice**	**Futuro anteriore**
io	volli	ebbi voluto	vorrò	avrò voluto
tu	volesti	avesti voluto	vorrai	avrai voluto
egli/lei/lui	volle	ebbe voluto	vorrà	avrà voluto
noi	volemmo	avemmo voluto	vorremo	avremo voluto
voi	voleste	aveste voluto	vorrete	avrete voluto
essi/esse/loro	vollero	ebbero voluto	vorranno	avranno voluto

Congiuntivo

	Presente	Passato	Imperfetto	Trapassato
che io	voglia	abbia voluto	volessi	avessi voluto
che tu	voglia	abbia voluto	volessi	avessi voluto
che egli/lei/lui	voglia	abbia voluto	volesse	avesse voluto
che noi	vogliamo	abbiamo voluto	volessimo	avessimo voluto
che voi	vogliate	abbiate voluto	voleste	aveste voluto
che essi/esse/loro	vogliano	abbiano voluto	volessero	avessero voluto

Condizionale / Imperativo

	Condizionale Presente	Condizionale Passato	Imperativo Presente
io	vorrei	avrei voluto	–
tu	vorresti	avresti voluto	vogli
egli/lei/lui	vorrebbe	avrebbe voluto	voglia
noi	vorremmo	avremmo voluto	vogliamo
voi	vorreste	avreste voluto	vogliate
essi/esse/loro	vorrebbero	avrebbero voluto	vogliano

Infinito / Participio / Gerundio

Infinito Presente	Infinito Passato	Participio Presente	Participio Passato	Gerundio Presente	Gerundio Passato
volere	avere voluto	volente	voluto	volendo	avendo voluto

Il verbo *volere* può anche avere l'ausiliare *essere*.

Indice analitico-glossario

Radice. È la prima parte di un nome o di un verbo e contiene l'informazione relativa al significato.

Sapere, coniugazione del verbo 179

Scegliere, coniugazione del verbo 180

Segnale discorsivo. Si chiamano segnali discorsivi quegli elementi che si usano soprattutto nella lingua parlata. Sono segnali discorsivi: le formule di saluto, quelle di apertura e chiusura del discorso, quelle che servono per mantenere aperta la comunicazione, i riempitivi, ecc. 155

Semiconsonante 164

Semivocale 164

Sentire, coniugazione del verbo 31

Sillaba. È un'unità fonetica che si realizza con un'unica emissione di voce. È la parte più piccola in cui si possono dividere le parole. 165

Sintassi. È la parte della grammatica che descrive l'organizzazione delle parole nella frase e l'organizzazione delle frasi nel periodo.

Soggetto. In una frase è ciò di cui parla il predicato. È di solito un nome o un pronome ed è il riferimento più importante del verbo. 9

Stare, coniugazione del verbo 181

Suffisso 136

Temere, coniugazione del verbo 30

Tempo composto del verbo. È un tempo che realizza le forme delle varie persone con due parole: unisce alle forme del verbo ausiliare il participio passato. 13, 21

Tempo semplice del verbo. È un tempo che realizza le forme delle varie persone con una sola parola. 13

Tenere, coniugazione del verbo 182

Tradurre, coniugazione del verbo 183

Trapassato. Tempo composto del modo congiuntivo del verbo. 16

Trapassato prossimo, Tempo composto del modo indicativo del verbo. 14

Trapassato remoto, Tempo composto del modo indicativo del verbo. 15

Trigramma. Gruppo di tre consonanti che esprime un solo suono, come *sch*, *sgh*, ecc. 165

Troncamento o **apocope**. È la caduta dell'ultimo elemento (vocale o sillaba) di una parola composta da più sillabe. 167

Uscire, coniugazione del verbo 184

Vedere, coniugazione del verbo 185

Venire, coniugazione del verbo 186

Verbo ausiliare. Verbo che si unisce agli altri verbi per realizzarne i tempi composti. 21

Verbo copulativo. Verbo che ha un significato generico e serve a collegare il soggetto a un nome o a un aggettivo. 20

Verbo difettivo. Verbo al quale mancano alcune forme. 39

Verbo fraseologico. Verbo che si unisce ad un altro verbo per esprimere un particolare aspetto dell'azione. 23

Verbo impersonale. Verbo che si usa solo nei modi indefiniti e alla 3ª persona dei modi finiti. 39

Verbo intransitivo. Verbo che non può avere un complemento diretto (o complemento oggetto) ... 20

Verbo irregolare 33

Verbo predicativo. Verbo che ha un significato compiuto e specifico 20

Verbo pronominale. Verbo che si accompagna, in tutte le forme, con un pronome personale atono 38

Verbo regolare 28

Verbo servile. Verbo che indica una particolare modalità (possibilità, volontà, necessità) del verbo che lo segue 22

Verbo transitivo. Verbo che può avere un complemento diretto (o complemento oggetto) ... 20

Vocabolario di base 145

Vocale 159

Volere, coniugazione del verbo 187